管控车道体系关键技术丛书·3

Operation, Maintenance and Management of Managed Lanes
# 管控车道运营、维护与管理

余顺新　程　平　杨忠胜　编　著

人民交通出版社股份有限公司
China Communications Press Co.,Ltd.

## 内 容 提 要

本书在总结、借鉴美国管控车道研究成果和实践经验的基础上,结合国内道路基础设施建设的实际情况,详细阐述了管控车道的信息预告与发布机制、交通控制、监控通信管理、运营管理、执法管理、交通安全管理、路政管理以及管控车道的维护与养护。

本书可供交通管理部门及关心管控车道设施建设的企业和研究应用人员参考,也可供相关技术人员参考使用。

### 图书在版编目(CIP)数据

管控车道运营、维护与管理 / 余顺新,程平,杨忠胜编著. — 北京:人民交通出版社股份有限公司, 2016.9

(管控车道体系关键技术丛书;3)

ISBN 978-7-114-13366-4

Ⅰ. ①管… Ⅱ. ①余… ②程… ③杨… Ⅲ. ①车道—交通管理—中国 Ⅳ. ①U491.2

中国版本图书馆 CIP 数据核字(2016)第 232421 号

管控车道体系关键技术丛书·3

| 书　　　名: | 管控车道运营、维护与管理 |
|---|---|
| 著 作 者: | 余顺新　程　平　杨忠胜 |
| 责任编辑: | 李　喆 |
| 出版发行: | 人民交通出版社股份有限公司 |
| 地　　　址: | (100011)北京市朝阳区安定门外外馆斜街 3 号 |
| 网　　　址: | http://www.ccpress.com.cn |
| 销售电话: | (010)59757973 |
| 总 经 销: | 人民交通出版社股份有限公司发行部 |
| 经　　　销: | 各地新华书店 |
| 印　　　刷: | 北京市密东印刷有限公司 |
| 开　　　本: | 787×1092　1/16 |
| 印　　　张: | 11.5 |
| 字　　　数: | 266 千 |
| 版　　　次: | 2017 年 4 月　第 1 版 |
| 印　　　次: | 2017 年 4 月　第 1 次印刷 |
| 书　　　号: | ISBN 978-7-114-13366-4 |
| 定　　　价: | 38.00 元 |

(有印刷、装订质量问题的图书,由本公司负责调换)

# 《管控车道体系关键技术丛书》
## 编 委 会

主　　编：余顺新　程　平　杨忠胜
副主编：郭大慧　陈　重　常云波　易路平　赖树奎
　　　　　张　钊　杨　星　夏　飞　胡彦杰　李小平

# 《管控车道运营、维护与管理》
## 编 委 会

主　　编：余顺新　程　平　杨忠胜
副主编：胡彦杰　邓　敏　常云波
编　　委：周　颖　闵　泉　杨　格　黄小明　张灿程
　　　　　周家才　廖改霞　代言明　晏丽霞　杨　闯
　　　　　李增飞　陈亚振　杨　军　郭志杰　秦江林

# 前　言

管控车道最早起源于美国。自20世纪60年代末美国第一条公共汽车专用车道投入使用至今,已经有40多年的发展历史。随着美国的一些城市,特别是像洛杉矶、芝加哥等大城市的交通拥挤现象越来越严重,新建道路或拓宽现有道路不仅需要占用大量的土地资源和投入巨大的资金,而且道路拓宽后交通状况仍未有明显的改善,所以开始考虑将现有的道路资源进行更有效的管理,让它充分发挥作用,由此管控车道的理念应运而生。管控车道概念是在本世纪初美国为提高城市主干道通行能力,结合公路改扩建项目提出的新理念。经过实际运营过程中不断总结、完善,管控车道策略的应用很大程度上缓解了交通压力。

近年来,随着我国交通基础设施建设的快速发展,道路运输体系逐步完善,但城市道路却越来越拥挤,严重减缓了城市现代化建设进程。基于国外先进技术和成熟经验及本国智能交通技术(ITS)的快速发展,中国已经具备建设管控车道的能力,公交专用道已经迈出第一步,未来交通行业的发展前景必然跟随欧美发达国家的脚步,继续向着精细化、信息化、智能化的方向前进。

在国内大规模城镇化建设和道路改扩建的形势下,2013年中交第二公路勘察设计研究院有限公司主持承担了中国交通建设股份有限公司重大科技项目"管控车道体系关键技术研究",系统研究了管控车道的建设与投融资模式、规划、设计、运营、维护、管理及相关政策法规,并编写了一套"管控车道体系关键技术"丛书,包括《管控车道建设与投融资模式》、《管控车道规划与设计》、《管控车道运营、维护与管理》和《美国管控车道应用案例与政策法规》共4册。本套丛书是国内第一部关于管控车道的技术丛书,系统总结了管控车道在发达国家的实施经验,分析了在国内的使用条件,为提高我国道路交通的通行能力和可持续发展提供了新的理念和方法。

本书为丛书第3册,主要介绍管控车道设施的运营方案、信息化管理控制手段、路政与执法管理、智能化手段、应急与事故管理等内容。本书共9章,主要内容为:概述、管控车道的信息预告与发布、管控车道交通控制、管控车道的监控通信管理、管控车道运营、管控车道的执法管理、管控车道的交通安全管理、管控车道的路政管理、管控车道的维护与养护。

本书详细介绍了管控车道设施在运营、维护与管理过程中遇到的问题及解决方法,作为国内首部介绍管控车道设施的运营维护管理的书籍,可供国内关心管控车道设施建设的部门和企业参考。

本书在编写过程中参考了大量书籍、文献,在此谨向文献作者表示崇高的敬意和衷心的感谢。因编著者水平所限,本书可能存在不完善之处,欢迎读者批评指正。

编著者<br>
2017 年 3 月

# 目　　录

第1章　绪论 ································································································ 1
  1.1　背景 ···························································································· 1
    1.1.1　管控车道实施的意义 ························································· 1
    1.1.2　研究过程 ············································································ 3
  1.2　管控车道含义界定 ······································································· 3
  1.3　管控车道发展历程 ······································································· 4
  1.4　管控车道运营维护管理的含义、目标及原则 ······························ 10
    1.4.1　管控车道运营维护管理的含义 ··········································· 10
    1.4.2　管控车道运营管理目标及原则 ··········································· 10
  1.5　管控车道运营维护管理的内容及特点 ········································· 11
    1.5.1　管控车道运营维护管理的内容 ··········································· 11
    1.5.2　管控车道运营维护管理的特点 ··········································· 12

第2章　管控车道信息预告与发布 ································································ 13
  2.1　概述 ···························································································· 13
  2.2　管控车道用户信息需求分析 ······················································· 13
    2.2.1　管控车道用户类型和特征 ·················································· 13
    2.2.2　管控车道用户所需的信息类型 ··········································· 15
    2.2.3　用户信息获取途径分析 ······················································ 19
  2.3　管控车道信息处理模型 ······························································· 21
    2.3.1　行车用户信息处理模型 ······················································ 21
    2.3.2　管控车道用户信息处理分析 ··············································· 23
  2.4　管控车道信息预告与发布机制 ···················································· 25
  2.5　管控车道标志设计与发布时机分析 ············································· 27
    2.5.1　管控车道标志设计 ······························································ 27
    2.5.2　管控车道标志发布时机 ······················································ 28
    2.5.3　美国管控车道标志使用经验 ··············································· 30
  2.6　展望 ···························································································· 32

第3章　管控车道交通控制 ············································································ 33
  3.1　概述 ···························································································· 33
  3.2　管控车道交通控制主要类型 ······················································· 33
    3.2.1　标志标线及隔离设施 ·························································· 33
    3.2.2　信号灯 ················································································ 39

|   |   | 3.2.3 控制策略 | 41 |
|---|---|---|---|
| 3.3 | | 管控车道交通控制设施设计 | 43 |
|   | 3.3.1 | 标志的颜色及标记 | 43 |
|   | 3.3.2 | 菱形符号 | 44 |
|   | 3.3.3 | 共乘符号 | 45 |
|   | 3.3.4 | 动态信息屏 | 46 |
|   | 3.3.5 | 收费车道标志 | 46 |
|   | 3.3.6 | 运营时间 | 47 |
|   | 3.3.7 | 车道名称 | 47 |
|   | 3.3.8 | 入口 | 48 |
|   | 3.3.9 | 准入车辆 | 48 |
|   | 3.3.10 | 补充信息 | 50 |
| 3.4 | | 国内交通控制设施设计 | 51 |
|   | 3.4.1 | 交通标志 | 51 |
|   | 3.4.2 | 交通标线 | 53 |
| 3.5 | | 展望 | 57 |

# 第4章 管控车道绩效检测与监控通信管理 58

| 4.1 | | 概述 | 58 |
|---|---|---|---|
| 4.2 | | 管控车道绩效评测 | 58 |
|   | 4.2.1 | 运营监测指标 | 58 |
|   | 4.2.2 | 数据信息 | 61 |
|   | 4.2.3 | 道路运行分析 | 62 |
| 4.3 | | 管控车道监控通信管理 | 64 |
|   | 4.3.1 | 管控车道监控通信管理的含义 | 64 |
|   | 4.3.2 | 管控车道通信系统的管理 | 65 |
|   | 4.3.3 | 监控系统的管理 | 68 |
|   | 4.3.4 | 收费系统的管理 | 70 |
| 4.4 | | 我国管控车道监控通信管理的发展趋势及对策 | 71 |
|   | 4.4.1 | 智能化 | 71 |
|   | 4.4.2 | 信息化 | 72 |
| 4.5 | | 展望 | 74 |

# 第5章 管控车道运营 75

| 5.1 | | 概述 | 75 |
|---|---|---|---|
| 5.2 | | 管控车道运营模式与理念 | 75 |
|   | 5.2.1 | 管控车道运营管理的主要职能 | 75 |
|   | 5.2.2 | 管控车道经营管理理论 | 76 |
| 5.3 | | 管控车道运营策略 | 77 |
| 5.4 | | 收费标准 | 81 |

5.5 管控车道收费管理系统 ········································································ 82
5.6 管控车道管理措施的变更 ···································································· 83
5.7 货车专用道 ······················································································ 84
  5.7.1 货车专用道的发展 ······································································ 84
  5.7.2 混行道路客货车干扰研究 ···························································· 85
  5.7.3 客货车混行条件下移动瓶颈分析 ·················································· 86
  5.7.4 货车专用道在国外的应用 ···························································· 88
5.8 快速公交系统（BRT） ······································································ 90
  5.8.1 快速公交系统的概念 ·································································· 90
  5.8.2 BRT 系统构成和系统特征 ·························································· 90
  5.8.3 快速公交系统（BRT）发展研究现状 ·········································· 93
5.9 国外管控车道运营案例 ······································································ 97
  5.9.1 I-635 州际高速公路 ·································································· 97
  5.9.2 SR 167 HOT 车道 ···································································· 104
  5.9.3 I-405 快速收费车道 ·································································· 109
  5.9.4 SR 91 快速收费车道 ································································ 112
5.10 展望 ······························································································ 118

## 第 6 章 管控车道执法管理 ·········································································· 119
6.1 概述 ································································································ 119
6.2 我国道路交通执法现状 ······································································ 119
6.3 国外管控车道执法经验 ······································································ 121
  6.3.1 美国 HOV 车道保障法规 ···························································· 121
  6.3.2 美国 HOV 车道驶入条件的规定 ·················································· 121
  6.3.3 美国各州 HOV 车道执法现状 ···················································· 122
6.4 交通执法智能化 ················································································ 123
  6.4.1 车道监控系统 ············································································ 124
  6.4.2 电子警察技术 ············································································ 125
  6.4.3 商业智能执法技术 ······································································ 125
  6.4.4 美国电子自动执法技术 ······························································ 126
6.5 展望 ································································································ 127

## 第 7 章 管控车道交通安全管理 ·································································· 129
7.1 概述 ································································································ 129
7.2 交通安全管理内涵 ············································································ 129
  7.2.1 管控车道交通安全管理的含义 ···················································· 129
  7.2.2 管控车道安全管理发展方向——智能交通系统 ITS ····················· 130
7.3 管控车道交通安全管理 ······································································ 134
  7.3.1 管控车道事故监视及处理 ···························································· 134
  7.3.2 管控车道安全影响因素 ······························································ 134

7.3.3　管控车道应急与事故管理组成要素 ·············· 135
7.4　我国道路交通防灾体制与措施 ························· 137
　　7.4.1　道路交通的防灾体制 ································ 137
　　7.4.2　道路交通的灾害划分 ································ 138
7.5　展望 ··················································· 140

## 第8章　管控车道路政管理 ································ 141
8.1　概述 ··················································· 141
8.2　路政管理意义及内容 ···································· 141
　　8.2.1　管控车道路政管理概述 ······························ 141
　　8.2.2　管控车道路政管理的意义 ···························· 141
8.3　管控车道路政管理内容和方法 ···························· 142
　　8.3.1　管控车道路政管理内容概述 ·························· 142
　　8.3.2　管控车道路政外业管理 ······························ 143
　　8.3.3　管控车道路政管理方法 ······························ 143
8.4　管控车道路政管理职责、人员、设备 ······················ 144
8.5　展望 ··················································· 146

## 第9章　管控车道维护与养护 ····························· 147
9.1　概述 ··················································· 147
9.2　管控车道养护内容 ······································ 147
　　9.2.1　管控车道养护维修的目的与特点 ······················ 147
　　9.2.2　管控车道的养护作业内容 ···························· 147
　　9.2.3　管控车道养护管理和养护管理系统 ···················· 148
9.3　管控车道路面养护管理系统 ······························ 148
　　9.3.1　路面养护管理系统的模块结构 ························ 149
　　9.3.2　路面养护管理系统必需的数据和数据库 ················ 149
　　9.3.3　路面状况调查 ······································ 150
　　9.3.4　路面使用性能评价 ·································· 151
　　9.3.5　路面维修保养对策 ·································· 153
9.4　管控车道桥梁养护管理系统 ······························ 154
　　9.4.1　桥梁数据库 ········································ 154
　　9.4.2　桥梁结构检测评价系统 ······························ 154
　　9.4.3　桥梁加固技术 ······································ 155
9.5　路基及附属设施的养护与维修 ···························· 156
　　9.5.1　路基的养护及维修 ·································· 156
　　9.5.2　护栏的养护维修 ···································· 158
　　9.5.3　标志、路面标线的养护维修 ·························· 159
　　9.5.4　照明设施的养护维修 ································ 159
9.6　养护维修时的交通组织及安全措施 ························ 159

  9.6.1 养护维修期的交通组织 ………………………………………………… 159
  9.6.2 安全防护措施 ……………………………………………………………… 161
 9.7 管控车道防灾体制与措施 …………………………………………………………… 162
  9.7.1 管控车道的防灾体制 ……………………………………………………… 162
  9.7.2 管控车道的灾害划分 ……………………………………………………… 162
 9.8 文明施工与环境保护 ………………………………………………………………… 164
 9.9 展望 …………………………………………………………………………………… 165
参考文献 ……………………………………………………………………………………… 166
中英文索引 …………………………………………………………………………………… 169

# 第1章 绪 论

## 1.1 背 景

美国作为公路运输体系相当发达的国家,在道路通行能力、智能交通系统与城市交通管理方面有众多成熟的研究成果与实践经验。美国管控车道策略在城市主干道及道路通行能力方面进行了灵活的运用,结合相应的交通管理法规、实施措施及方法,形成多样化的交通管理体系,有效地改善了城市主干道及周边地区管控车道的拥堵问题,提高了路网的整体运行效率。因此,对美国管控车道的应用案例进行分析并总结其管控车道的实践经验,在现阶段我国管控车道刚刚起步、城市化建设快速发展的背景下,形成可供国内借鉴的成套技术,为国内实施管控车道策略提供理论基础与决策依据。

近年来,随着我国交通基础设施建设快速发展,道路运输体系逐步完善,未来交通行业的发展,向着精细化、信息化、智能化的方向前进。中国与美国交通行业的标准体系有着深厚的渊源,为系统地借鉴美国管控车道的理论与技术应用,提供了良好的政策与技术基础。因此美国管控车道的应用研究案例及运用经验与方法对于我国的管控车道体系的建设与发展具有重大的现实借鉴意义。

### 1.1.1 管控车道实施的意义

(1) 为国内管控车道体系的建设提供实践指导

在我国实行"走出去"的政策战略的背景下,结合日益严重的交通需求与供给间的不平衡问题,寻求新型的道路交通管理与控制理念尤为重要,系统性地研究美国管控车道理念与技术,对于提高干线公路与主干道通行能力、有效利用有限的交通基础设施与土地资源、缓解城市交通问题、降低交通能耗、推动智能交通系统的发展等方面具有重要的发展前景与应用效益。

美国管控车道策略的建设模式、交通组织管理形式、管控技术应用等经验为国内的研究实施提供了先导,有利于国内的快速发展,但同时应结合自身的交通实际状况予以适当调整应用,从而达到缓解城市交通问题的目标。

(2) 提高国内的干线公路与城市主干道通行能力

管控车道管理策略是美国在综合数十年交通组织管理技术的基础上,所提出的新的管控理念,即将各种形式的专用车道配合相应的交通组织与管理措施,将混合交通进行分离,有效地缓解了混合交通造成的交通堵塞问题,提高了道路通行能力与运行效率。从该理念提出至今,美国联邦公路局与大部分州交通厅对管控车道进行了深入的研究与实践,形成了较为成熟的框架体系。在我国公路与城市道路建设及汽车保有量快速增长的前提下,借鉴研究与应用美国管控车道实践理念与技术,具有非常重要的现实意义。

根据目前的城市化建设步伐,结合大城市交通堵塞的现状,可预测新一轮的城市干线公路与城市道路改扩建的时代来临。管控车道策略是结合全封闭收费公路与免费公路间的新型道路交通管理模式,国外的研究与应用显示,管控车道技术为缓解城市交通堵塞提供了新的有效尝试,首先通过部分车道的动态收费标准,以保证部分车辆的通行效率,以便支持后续城市道路基础设施建设的实施;其次,通过管控车道策略某种程度上约束了混合交通的行驶,例如通过免费开放专用车道给予公交车辆与高承载车辆通行权,有效地提高了道路通行能力。

(3)有效利用交通设施与土地资源

在我国城市化建设高速发展的时代,迎来了道路改扩建的高潮,然而,现今道路资源紧张的局面下,如何合理地应用现有道路、土地资源成为交通组织管理的重要难题。管控车道是一系列专用车道[如客车专用车道、载重汽车专用车道、高乘用车辆专用车道(HOV)、高乘用车辆收费车道(HOT)等]与信息化管理手段的综合应用。美国实践研究的经验显示,管控车道的交通组织策略在管控车道与城市主干道方面能够得到合理运用,能够充分利用现有道路和土地资源,提高道路运输效率,节约能源,减少碳排放。

例如:将现有道路进行车道重新划分,按照车辆类型分车道行驶,能够大程度地改善混合交通带来的延误、拥堵、通行效率低下等问题;在现有车道上方架设管控车道,以满足特定车型(如小客车)的交通增长量需求,能够节约更多的土地;根据交通量的监测状况灵活地调整相关道路的收费费率,能够动态调整双向交通流,甚至是相邻道路交通分布不均匀的现象。

(4)降低交通能耗,优化城市环境

根据国际能源机构IEA统计数据显示,目前交通领域的石油消耗占全球总耗能的57%以上,预计至2020年将超过62%,同时,交通能耗也是局部环境污染和全球温室气体排放的主要来源之一。在新形势下,低碳、绿色交通已经成为各国交通领域研究的重要课题。

随着我国经济的快速增长,汽车保有量突增,交通拥挤与交通事故频发造成了巨大的时间浪费、财产损失以及环境污染。据调查数据显示,大多数城市平均行车速度已下降至20km/h以下,同时由于车速过慢、交通拥堵问题,而引发的尾气排放增加,使得城市空气质量进一步恶化。

管控车道策略目的是最大效率地利用道路通行能力,充分利用现有道路资源,提高车道利用效率,减少因车辆等待造成的能源消耗与尾气排放。因此其交通组织策略的引荐对于能源节约、优化城市环境具有重要的实践意义。

(5)推动智能交通系统的发展

为缓解经济发展对于交通运输方面的压力,将现有资源最大限度地予以利用,我国加大了对智能交通系统的研究与应用。目前,中国智慧城市建设步伐明显加快,大规模的城市信息化升级正拉开帷幕,更多的城市将建设智慧城市这一目标和任务予以展开。数据显示,中国一线城市均提出了"智慧城市"的详细规划,80%以上的二线城市也明确提出了建设"智慧城市"的目标。智慧城市也是当今世界推进战略性新兴产业和城市信息化进程中的前沿理念和探索实践,是对现有互联网技术、传感器技术、智能信息处理等信息技术的高度集成,因此智能交通系统的发展至关重要。目前,国内智能交通系统的研究与应用,为管控车道的合理布设与管理提供了基础。

管控车道策略可以作为智能交通系统的一项创新性应用,能够充分利用现有科学技术,对道路资源进行系统性的分配,通过先进的动态管理技术,有效地提高道路通行能力,是未来中国交通建设的发展目标。管控车道在交通信息的收集、处理、发布以及交通流量的动态控制等方面的研究与应用,对于促进智能交通系统的发展具有重要意义。

### 1.1.2 研究过程

2011年8月,编写组主要人员赴美国进行了为期十天的市场调查,编制了《美国市场考察工作报告》。《报告》中除了对美国交通基础设施建设市场的投资形势进行了初步分析以外,还对管控车道在我国的研究要点提出了建设性的建议,如"管控收费车道的发展现状与未来趋势"、"美国基础设施项目重点市场的法律及商务环境"、"美国工程承包企业的资信能力与管理模式"、"美国市场风险研究"等。

鉴于管控车道体系研究在国内应用的前景,编写组开展了"管控车道体系关键技术研究",收集了大量与管控车道有关的技术资料,包括美国公路行业的技术标准和管控车道研究报告,国内交通组织管理相关的论文与文献,以及城市治堵和智能交通方面的措施与方案等。

2015年年底,编写组研究人员根据前期调研搜集的资料和数据,以及后期国内开展的调查研究数据进行分析,研究管控车道在发达国家实施的经验和国内交通发展形势,分析管控车道在国内的使用条件,并提出一套适用于中国国情的管控车道关键技术。

2016年完成《管控车道体系关键技术丛书》的编写,《丛书》共4册。第1册:《管控车道建设与投融资模式》;第2册:《管控车道规划与设计》;第3册:《管控车道运营、维护与管理》;第4册:《美国管控车道应用案例与政策法规》。本册《管控车道运营、维护与管理》主要介绍管控车道设施的运营方案、信息化管理控制手段、路政与执法管理、智能化手段、应急与事故管理等内容。

## 1.2 管控车道含义界定

管控车道策略的发展已有近40年的实践历程,其中涉及广泛的交通组织策略,对于交通问题的解决提供了良好方式。管控车道策略的实施在不同的地方具有不同含义及实施方法,其中所涉及的利益相关者与管控内容方面各有不同,亦有很大区别。但是其具有相同的链接点:其车道管控策略实施是系统性的管理过程,目标是解决交通需求问题,平衡道路网交通流量。

管控车道是21世纪初美国为提高城市主干道通行能力,结合公路改扩建项目提出的新的理念与方法。联邦政府与各州政府根据自身交通需求,为管控车道提供了不同程度的定义,但均包含以下因素:

(1)保障策略有效实施的基础设施建设。

(2)对交通流与车流量的主动式优化。

(3)设施的建设与策略的制定需满足当地交通需求。

虽然管控车道的含义各有不同,通常狭义上讲,管控车道即是通过对现有道路重新划分车道或扩建增设新的车道,并通过按时段、车型动态调整收费标准的方式,以收取道路通行费的一种建设与管理模式。该方法通过对愿意支付一定费用的车辆进行管控管理,以满足车道通行能力与运输效率要求。

广义上讲,管控车道是指将各种运营功能与设计功能结合以提高主干道通行效率的综合交通组织策略。其交通组织是可随时进行主动调整的,而不是进行被动的响应,继而通过一系列的技术手段保证道路始终处于最优化的通行状态。自从20世纪90年代发展至今,最普遍的管控车道策略应用实践便是高承载车辆专用车道(HOV)的实践。在解决城市交通系统拥挤、路网通行效率低下等问题方面,HOV车道的优先通行策略已被证明是最方便、灵活、有效的解决方案,如图1-1所示。

图1-1 HOV车道

如今,随着时代的发展,HOV车道管控措施已与其他管控策略相结合,继而使得管控车道的发展目标向着更灵活、服务对象更广泛的角度拓展。因此管控车道策略的实施对交通系统管理组织形式的发展具有重要的推进作用,管控车道实施目标主要包含了如下方面:

(1)随着交通需求的提高,当交通流量接近道路饱和值时,形成更均匀、稳定的交通流,以此提高道路交通流量,阻止交通拥堵的同时,也降低尾气排放。

(2)提高某一类型交通出行者时间的可靠性。

(3)对路网的通行效率进行系统的掌握,合理分配整个交通网络的延误,确保路网通行能力得到充分发挥。

(4)因道路维修或交通事故造成的路段通行容量下降时,进行实时动态调整以提高运行效率。

(5)为更好地利用道路容量,将某些路段交通流或者其他路线车辆予以转移,或者鼓励出行者改变出行时间,可有效减少高峰期间的交通需求。

## 1.3 管控车道发展历程

(1)联邦公路局(FHWA)

在本世纪初,美国联邦公路局在部分州实行了共乘(HOV)车道与共乘收费(HOT)车道管控策略,并在众多管控策略成功的基础上,建立了"管控车道管理项目",其计划目标旨在支持与促进管控车道的快速发展,提高道路输送能力,平衡路网交通流量,以及提高管控车道设计的安全性及可靠性。该计划主要包含两个方面:一是管控车道运营与交通管理。二是管控车道基础设施建设。

管控车道管理项目主要包含如下方面内容:

①与管控车道管理与运营有关的道路规划及开发,运营管理以及方案评估。

②相关立法、政策、标准及技术指南的制定。

③居民出行需求及接受度的调查。

④与其他各部门的协调性。

(2)得克萨斯州交通部(TxDOT)

随着得克萨斯州人口迅速增长,对交通基础设施的建设,尤其是管控车道区域提出了较高的要求,在城市中心地区,因资金、土地资源以及环境等因素的相互制约,无法通过扩建足够的车道以缓解高峰期间交通拥堵的现象。因此得克萨斯州交通运输部一直寻求更为良好的交通运输需求管理策略,提高现有道路通行效率,以及新型的道路规划方法。

2000年,得克萨斯州交通部启动了一项五年建设计划,其计划内容用于设计一项更为灵活、实用、安全、有效的管理策略,以保障管控车道策略的实施,系统地研究了管控车道在规划、设计与运营方面的问题。该计划于2005年取得了重大性成果,为得克萨斯州交通运输部在管控车道领域奠定了领先的地位。

(3)佐治亚州运输部(GDOT)

2007~2010年,佐治亚州运输部实施了一项"管控车道系统规划"的项目,并在亚特兰大中心城区全面实施管控车道计划。其项目实施目标主要包含如下方面:

①提高管控车道通行机动能力。

a. 提高车辆平均运行速度。

b. 降低通行延误。

c. 提高交通管理中心的访问效率。

d. 提高系统运输效率。

②最大限度地提高管控车道通行能力。

a. 提高道路客货运量。

b. 降低出行时间,保障行驶的可靠性。

c. 提高运输的准点率。

③最大限度地减少管控车道施工对环境的影响。

a. 降低交通对环境的污染,改善空气质量。

b. 实施过程中对环境的干扰较小,包含交通及生活环境。

④为管控车道提供灵活的融资渠道。

a. 通过杠杆作用优化系统收费政策。

b. 融入市场机制作为传统融资渠道的补充。

根据佐治亚州交通部门的规划效果,共分为五个实施阶段,各阶段政府投资金额见表1-1。

各实施阶段投资金额　　　　　　　表 1-1

| 阶　段 | 总投资(亿美元) | 资金缺口(亿美元,按照 35 年贷款期计) |
| --- | --- | --- |
| 1 | 30 | 2.4 |
| 2 | 29 | 13.6 |
| 3 | 37 | 16 |
| 4 | 36 | 20 |
| 5 | 30 | 18 |
| 合计 | 162 | 70 |

如图 1-2 所示便为亚特兰大城市管控车道规划体系构架。

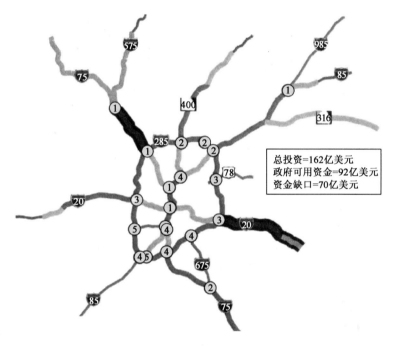

图 1-2　亚特兰大管控车道体系构架

通过对本项目的实施效果及研究历程发现,仅通过采取收费的形式而获取的资金不足以完全支付对管控车道建设、运营管理以及维护所具备的成本。因此提出了采取使用 PPP 融资建设模式的规划方案,以这种途径尽快地完成对管控车道体系的建设。

据美国联邦公路局 2014 年对美国 20 年来收费管控形式应用的调查研究发现,由美国交通管理者对管控策略实施的态度发现,管控车道策略得到了有效的认可,其中高达 75% 以上的比例认为其有效地解决了道路交通拥堵问题,如图 1-3 所示。

在 20 世纪 70~80 年代间,HOV 车道在美国发展缓慢,它主要于 19 世纪 80 年代中期至 90 年代末期迅速发展。美国的第一条 HOV 车道是北弗吉尼亚州的雪莉管控车道,它位于华盛顿和美国首都环城管控车道之间,其设计前身作为公交专用道使用。1973 年 12 月在公交专用道基础上开通了 HOV 车道,每辆车的承载率在 4 人以上,这成为第一个正式的公交车和共乘车辆长距离的管控车道的先例。在 2005 年,该种两类型的 HOV 车道在早高峰期间(6:30~

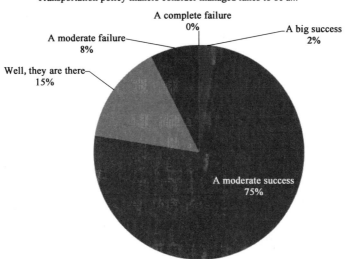

图 1-3 美国交通管理者对管控车道的态度

9:30)的车流量达到 8600 辆,输送客流量 31700 人(3.7 人/veh),而一般的 3 车道或者 4 车道的普通车道车流量达到 21300 辆,却只输送 23500(人)(1.1 人/veh)。在 HOV 车道上出行平均耗时是 29min,而在普通车道上的出行耗时达到 64min。从 2012 年起,I-95 和 I-395 号州际管控车道 HOV 车道行驶 48km 只需 30min,并且路线延伸至敦夫里斯与弗吉尼亚州,而且通过物理设施与常规车道分出两条独立的可逆车道来供上下高架的匝道通行。在工作日上、下班高峰时段,3 人以上的共乘车辆需求量是很大的。

在 20 世纪 70 年代,HOV 车道首先被推荐为改善空气质量问题的手段。1970 年,净化空气行动修正方案确定了国家环境空气质量标准,并给了环境保护处足够的权力去管理空气质量。1973 年,对于洛杉矶流域最终控制计划造成的结果是,其中的一项重要条款是一个两阶段的转换,针对管控车道和干线道路转换成 HOV 车道,并且区域 HOV 车道网络系统得到了发展。然而,在洛杉矶,直到 1985 年之前也没有建造任何的 HOV 车道项目,并且在 1993 年全县范围内只有 93km 的 HOV 车道。

在 2009 年,加利福尼亚州拥有 88 条 HOV 车道,在美国各州中排名第一,随后是明尼苏达州、华盛顿州、得克萨斯州、弗吉尼亚州,分别拥有 83 条、41 条、35 条、21 条 HOV 车道。位于洛杉矶地区的 I-110 号公路在亚当斯环形山大道和 SR91 公路间设置了 HOV 车道,每个方向只有两车道。2006 年,加利福尼亚州 HOV 车道的实际流量达到设计流量的 2/3,在高峰时段它们平均每小时输送 2518 人次,这远远超出了一般的拥挤道路的运量。2008 年,全程线路最长的 HOV 车道开始运营,其位于迈阿密 I-95 号公路,介于 SR 112 公路和捷威之间,线路全长 186.7km。至今在华盛顿城市群正在建造的 I-495 号公路长度将超过这条共乘车道,其全长达到 360.5km,每个方向两个车道,可以供高架上匝道。在 2012 年的时候,在美国 27 个城市的管控车道上大约有 126 条共乘车道,总长超过 1600km。

根据实际调查研究发现,美国 HOV 车道管控策略实施水平在逐步增加,这一趋势表明 HOV 车道管控策略是逐步被广泛接受的,在解决大城市的交通拥堵等方面起到了良好的效果。

然而，HOV车道管控策略并不满足所有地区的交通需求，在管控策略实施后，应对各方面进行评估与监控，确保管控策略实施能够达到预期的目标和效果。所达到预期的效果和目标对于一项成功的HOV车道实施而言，主要包括交通流量、实施中的效益、对路网整体运行效率的提高等方面。其中某些约束条件可能会影响实施策略的效果，例如普通行车道对HOV车道运行的干扰、公众反应、成本的投入以及环境的影响等方面。

针对美国相关实例验证及研究，美国管控车道的发展趋势尤其是对于HOV车道而言，主要包含以下方面：

(1) 通过采取收费的形式与共乘车辆相结合，若车辆在规定的时间段内的行驶状态不满足最低承载率的要求，则其驶入HOV车道后需缴纳相应的费用，以获得道路通行权，该种形式也是HOT车道的应用。

(2) 随着众多大城市进行车道改造计划的实施，管控车道的理念逐步形成且被大力推广。其中HOV车道的实施应用便是众多管控理念之一，美国管控车道以及各大城市将会进一步研究对共乘车辆运行的研究。一些运营机构正在考虑将快速交通的运营服务策略，与货车、低排放车辆以及收费形式相关联。

(3) 随着城市交通拥堵问题的逐步严重，在民众以及交通管理者的监督与支持下，HOV车道的运营管理与可行性研究将会逐步拓展。在美国西雅图及洛杉矶地区进行的未公开的调查显示，市民依然对HOV车道表示赞成的态度，但为加深民众对比的了解，提高管控车道的运营效率，交通管理部门将投入更大的努力。

(4) 管控车道的运营监测和评价报告在运营、决策以及对市民的宣传方面具有重要的作用，若对于管控车道管理的运营性能评估与主动管理的关注点降低，则整个管控车道的实施效果将会下降。

同时针对不同的管控策略形式具有不同的规划目标，如表1-2所示，为各种管控策略形式所实现的目标。

**管控策略与相应实现目标** 表1-2

| 管控策略 | 目标 |
| --- | --- |
| HOV车道 | 提高车辆运载能力；增加道路载运量；减少出行时间；增加出行可靠性；提高出行选择；减少高峰期间车流量；提高快速公交服务；降低尾气排放；鼓励共乘出行理念 |
| HOT车道 | 提高车辆运载能力；增加道路载运量；保障行车速度；减少出行时间；额外收入用于建设；额外收入用于偿还债务；提高出行选择；提高快速公交服务；降低尾气排放；鼓励共乘出行理念；提供私人投资利润 |
| 快速车道 | 提高车辆运载能力；减少出行时间；提高出行选择 |
| 快速收费车道 | 提高车辆运载能力；减少出行时间；提高出行选择；额外收入用于建设；额外收入用于偿还债务；提供私人投资利润 |
| 公交专用道 | 提高车辆运载能力；减少出行时间；提高出行选择；减少高峰期间车流量；提供专用公交车辆服务；降低尾气排放；鼓励共乘出行理念 |
| 货车专用道 | 提高车辆运载能力；提高货物输送能力；保障车辆行驶速度；降低出行时间；降低事故率 |
| 货车限制车道 | 保障道路运行速度；维持及提高道路服务水平；降低交通事故率 |

在某些地区,HOV 车道已不能满足当地的交通需求,因此提出了共乘收费(HOT)车道管控理念。HOT 车道是在 HOV 车道概念设计的基础上对车辆进行收费管理,将行驶车辆承载人数限定与收费水平进行统一管理。如图1-4 所示为位于加利福尼亚州圣地亚哥路段的 I-15 号州际管控车道 HOT 专用车道,在该车道管理形式中,单一行驶车辆需进行缴费才具有通行权,而乘坐车辆人数在 2 人以上时免费通行。

图 1-4　圣地亚哥地区 I-15 号 HOT 车道

HOT 车道的建设是将 HOV 车道与收费相结合的一种管控策略,其管控形式的设置需满足如下假设:

①HOT 车道应在现有 HOV 车道的基础上进行策略调整。

②该策略形式的布置能够使驾驶员具有多种出行选择,可通过缴费的形式避免交通拥堵出行。

③HOT 车道的建立不能取代现有主干道通行权。

HOT 管控策略实施成功的关键是在满足 HOV 车道通行能力不足的情况下,对 HOV 车道交通拥堵状况缓解的情况,以提高路网系统通行能力。通过动态收费的策略形式对道路进行动态拥挤收费政策,其变量便是路网交通流量或行驶速度。大多采取每 5min 对路网系统进行监测,调整交通流量。当 HOT 车道运行交通量较多时,提高收费费率,将车流进行分离;当管控车道运行交通量较低时,降低收费费率,以吸引交通流量。通过上述形式平衡路网系统交通状态。

随路网交通流量的持续增加,HOV 车道的运行形式已不能满足路网交通流量,因此 HOT 车道在美国逐步应用开来,如图 1-5 所示。

阿灵顿:全程 14mile 长的 I-495 州际管控车道由斯普林菲尔德路口至向北的杜勒斯收费公路,该路段在 2012 年通车,该项目作为公私合作的项目实施。

亚特兰大:横跨查伯利塔克路至老桃树路段的 I-85 号快速收费车道于 2011 年 10 月通车实施。

巴尔的摩:I-95 号快速收费车道包含包括 4 条普通行车道与 2 条 HOT 车道。项目建设全长 8mile,分三个阶段实施,2014 年完成。

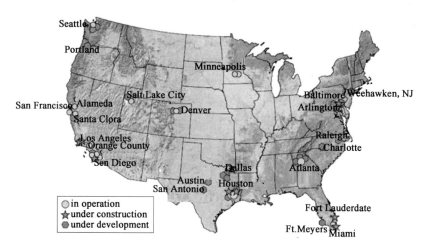

图 1-5　美国 HOT 车道发展状况

## 1.4　管控车道运营维护管理的含义、目标及原则

### 1.4.1　管控车道运营维护管理的含义

实施管控车道运营管理,就是要保证管控车道能在全天候条件下实现安全、畅通、高效的运营,以使其充分发挥道路设施的使用价值。

管理具有两重性,管控车道管理也不例外。管控车道管理包括技术管理和运营管理。技术管理是充分发挥管控车道功能,适应经济发展需要的技术保障。其内容主要包括:管控车道的发展规划、法规、政策、标准规范的研究与制定等。运营管理是为了最大限度地发挥公路运营效率,提高道路安全性的一个重要手段。其内容主要包括:养护维修管理、路政管理、交通安全管理、信息管理、收费管理和运营管理。因此,管控车道管理的实质是一种服务,是管控车道管理机构通过养护管理、路政管理、交通管理、控制管理等手段来实现对其使用者的服务,使管控车道使用者安全、迅速、经济、舒适地完成管控车道路段的运行任务,同时管控车道也获得相应的经济效益、社会效益和生态效益。

管控车道征收车辆通行费,使其在管理内容、管理形式、管理方法等方面与一般公路相比发生了显著的变化。

### 1.4.2　管控车道运营管理目标及原则

(1)管控车道运营管理的目标

养路机械化、收费自动化、办公现代化、管理制度化、工作程序化、行动军事化、执法正规化、路畅洁美化、通信便捷化、建设标准化。

(2)管控车道运营管理的原则

①系统性原则。

管控车道运营管理必须具有超前意识,做到通盘考虑、综合规划、分步实施。特别在管控车道建设时,就应成立专门的机构研究规划今后管理体制、机构定编、人员配备、设备购置、管理方式等问题,自管控车道开通即可顺利开展运营管理工作。

②统一性原则。

管控车道运营管理必须实行统一领导。管理人员精干、高效率,才能建立管控车道特有的快速反应机制。

③科学性原则。

管控车道建有先进完善的现代化设备、设施,具有技术密集型的管理特点,只有利用科学的管理手段,才能充分发挥设备效能。管控车道现代化管理应首先从办公现代化入手,建立管理数据库,开发使用微机,创造高智能环境。

管控车道实行多工种、跨行业的现代化管理,需要管理人员的高素质、高技能;管控车道运营管理的发展也需要管理人员的知识不断更新。因此,管控车道管理必须抓紧进行经常性的人才培训,才能加速人员素质的提高,适应现代化管理需要。

④规范化管理原则。

管控车道管理项目繁多,分工细致,专业性强,实行严格的规范化管理。

## 1.5 管控车道运营维护管理的内容及特点

### 1.5.1 管控车道运营维护管理的内容

管控车道的运营管理工作,一般可概括为以下五项内容:

(1)收费管理

收费工作是管控车道一项重要的管理工作。它的主要任务是向过往车辆收取足额的通行费,用以保证管控车道建设资金的偿还及管理运营费用的支出。收费管理要应用先进设备,改革收费方式,提高收费效率。管理的重点是不错收、不漏收、不乱收。管控车道的收费管理也包括收费的稽查工作,通过稽查推进服务质量,强化岗位技能,杜绝营私舞弊现象。

(2)路政管理

管控车道路政管理的职责是贯彻实施国家和地方的有关法律、法规,保证管控车道路产完整,维护管控车道路权不受侵犯,公路设施不被破坏。同时,管控车道路政管理还包括施工养护作业现场的秩序维护,恶劣天气的交通管制,故障车辆的牵引拖带,事故现场的救援清障以及环保监督等。对公路造成损坏的,应按损坏程度,给予经济补偿。路政管理是政府行为,要依法治路、强化政府职能,依据路上管理要素的变化,建立一套全天候的快速反应机制,将路政管理由监管型向服务型转化,实现全新的动态管理。

(3)交通管理

管控车道交通管理的任务是维护管控车道交通秩序,保障交通安全和管控车道的行车畅通。交通管理要利用先进的技术手段进行安全管理,处理交通事故,合理地引导、组织交通流。交通管理要依法执行公务,加强法制意识,纠正交通违章。同时,负责对违章驾驶员的培训、处罚及行车安全的宣传教育。交通管理要与其他管理密切协作、相互支持。

(4)养护管理

管控车道的养护管理应尽量做到量化、机械化、规范化、专业化和社会化。在量化方面要通过管理数据库和有效的路面、桥梁评价体系,建立优质高效的机械化养护方式。同时,不断采用新技术、新工艺,以最经济的方式保证路面、桥隧及沿线设施经常处于良好的技术状态。从被动型养护转向预防性养护,达到养护的高标准、高质量、高效率、高机动性。根据市场经济的发展趋势,除注意专业化、机械化、规范化外,还应注意社会化,将招、投标机制用于管控车道养护工作,充分运用市场机制。

(5)监控、通信管理

管控车道的监控、通信管理,是通过现代化的电子设备对管控车道的运行状况进行监视控制,完成信息采集、传输、处理,为驾乘人员和通行车辆提供满意服务,以保证快速、安全行车。监控、通信管理的主要任务是通过日常的维护管理,确保系统的正常运行,这是形成管控车道快速反应机制的先决条件。

### 1.5.2 管控车道运营维护管理的特点

与普通公路管理相比,管控车道运营维护管理具有以下显著特点:

(1)管控车道运营管理是一个庞大的系统工程

管控车道运营管理包括硬件环境与软件环境两个方面。硬件环境是指监控、照明、通信、计算机收费、道路桥梁、隧道及其附属设施等;软件环境则指以此形成的管理观念与管理手段。基于管控车道建设提供的高效利用车道的先进理念,需要结合现代化手段进行运营管理,是对道路运营者、交通管理者、交通执法者的一个考验,形成了多部门密切协作、互相配合的系统工程。在这个系统中,运营维护管理的策略决定了管控车道的运营效果,对管理策略的执行和操作,体现了管理的力度和相关部门的决心,两者的有机结合不仅形成了管控车道运营管理的有机体系,也决定了管控车道运营管理的综合水平。充分研究和认识这个系统的运转特点,是建立适合中国国情管控车道管理方式的前提。

(2)管控车道的运营管理是技术密集的现代化管理

管控车道的管理系统具有技术密集型的管理特点,大部分岗位体现了高科技和高技能。现代化管理设施的普及,使管理层与操作层基本上形成了一个连续运作的整体。特别是监控、通信、计算机收费等现代化管理手段的应用,改变了一般公路以养护为主的传统观念,逐步形成了以养护、路政、供电管理为代表的道路通行保证系统与以监控、通信、收费管理为代表的路上信息跟踪系统两者并行的管理格局。这种管理格局需要大批计算机操作维护人员及机电一体化的维护人员,以及具有"一人多职,一专多能"的高素质管理人员及复合型人才。管理方向进一步向高智能转变,这是管控车道运营管理区别于一般公路管理的主要特点之一。

(3)管控车道的运营管理是向管理客体提供高效服务

管控车道运营管理的目的是向用户提供安全畅通的行车环境,这是由管控车道的含义特点决定的。管控车道不同于一般公路,在管理上不仅具有明显的开放性和公益性,而更多体现的是其特殊的群体使用属性。管控车道在限制使用者使用或者向使用者收取通行费的同时,有义务向用户提供优质的服务。由于管控车道运营管理是一种综合管理,因此,提供服务便渗透在管理的各个环节之中,特别在管理意识、管理方式、管理制度上要充分体现出来。树立良好的服务意识是管控车道管理决策的关键。

# 第 2 章　管控车道信息预告与发布

## 2.1　概　　述

管控车道信息的预告与发布直接影响着管控车道的成功与否,这是因为交通信息直接指导用户正确有效地使用管控车道设施,本章从管控车道的用户特性着手,将管控车道用户分为熟悉管控车道设施的用户、较熟悉设施的用户和不熟悉设施的用户三个类型,通过对不同类型的管控车道的用户特征分析,继而分析其所需要的信息类型,结合现有出行者的主要信息获取途径,并结合行车用户信息处理模型,分析管控车道用户在使用管控车道设施过程中对交通信息的处理方式,提出相应的管控车道信息预告与发布机制,最后介绍美国等发达国家管控车道标志的设计与信息发布时机等经验,包括标志的版面设计、可变信息板的信息类型、标志布置等。

## 2.2　管控车道用户信息需求分析

管控车道为驾驶员提供一个快速路线的选择,这种选择会随着每天的不同时段和交通变化而改变,通过在正确的时间获取合适的交通信息,可以帮助出行者有效地选取最合适的出行路线。

### 2.2.1　管控车道用户类型和特征

管控车道用户信息需求很大程度上依赖于驾驶员的经验和其自身特性。不是所有用于制定出行决策的信息都必须通过公路上的信息发布设备发布,有些信息是与驾驶人自身特性相关的,比如对时间价值、进入隔离设施的舒适度的感知。还有一些信息,例如道路几何特征或标志标线的位置分布,是可以通过反复出行获取的。有经验的驾驶员可以通过他们的经验判断每天各时段车流速度和拥挤程度等交通条件,因此熟悉道路条件的驾驶员所需要的信息量较小,大多时候他们从自己的经验积累中获取信息并做出决策。

根据管控车道用户对信息的需求程度,将管控车道用户按照对管控车道设施的熟悉程度分为不熟悉的用户、较熟悉的用户和熟悉的用户三类。

(1) 不熟悉的用户

不熟悉管控车道设施的用户是指几乎没什么经验,从来没有在管控车道上行驶过,不知道前方有管控车道设施的驾驶员。为了获取信息来决定合适的出行路线,这类驾驶员需要最多的信息,也有最大风险会驾驶信息超负荷,尤其是在控制和诱导信息较多的路段。如图 2-1 所示。

(2) 较熟悉的用户

这类驾驶员可能是使用过管控车道设施的,或者是在管控车道旁边的普通车道上行驶,对管控车道有一定认识的。这类驾驶员知道一定信息,例如道路几何线形、限速条件、行驶方向等,但是还需要获取其他的信息,如费用、潜在的时间价值等。他们所需的信息可能会比较集中,从而导致驾驶员信息超负荷。如图 2-2 所示。

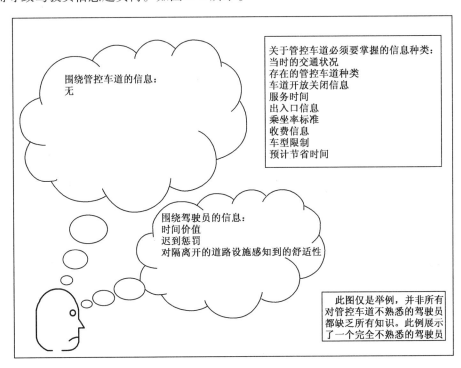

图 2-1　不熟悉用户的管控车道信息基础

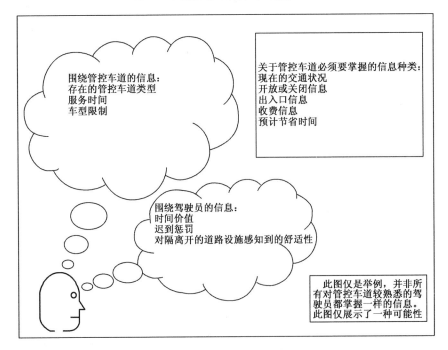

图 2-2　较熟悉用户的管控车道信息基础

(3)熟悉的用户

熟悉的用户是指经常使用管控车道设施的驾驶员,或者是使用过其他管控车道设施、对使用管控车道设施有着丰富经验,或者是提前做过详细的学习和了解的驾驶员。这类驾驶员需要额外获取的信息最少,事实上,这类驾驶员可以在不看标志牌、不听广播,不额外获取信息的情况下良好地使用管控车道设施。这类驾驶员最不会出现信息超负荷的情况。如图 2-3 所示。

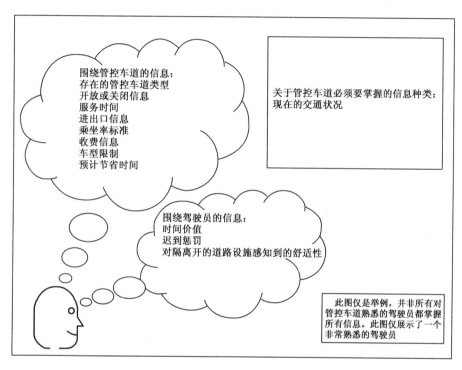

图 2-3　熟悉用户的管控车道信息基础

## 2.2.2　管控车道用户所需的信息类型

管控车道是与普通车道分离出来的独立的车道,具有独立的运营机制,因此管控车道的用户在使用时需要获取额外的道路信息,这些信息包括:

(1)入口信息:怎样进入管控车道、入口数量、是否为进入管控车道的唯一入口、是否有其他选择机会存在。

(2)出口信息:即从哪里出去,了解潜在的出口可以更好地帮助使用者完成他的出行,并且判断是否需要在普通车道上行驶更长的距离。

(3)服务时间:有的管控车道只在特定时段开放,这时所需的典型信息就是开放时间。另外对于可逆交通的管控车道,所需信息还有各行车方向的开放时间。

(4)事故信息:这类信息包括管控车道和普通车道上的事故或其他意外延误的实时位置信息。

(5)合乘信息:包括管控车道所需要的最少合乘人员数量,这类信息针对 HOV、HOT

车道。

（6）开放/关闭信息：这类信息与服务时间相似，但是只用更简单地发布"开"、"关"信息，不用发布如开放时间段、开放时间长短等复杂的信息。

（7）节约时间：使用管控车道和使用普通车道相比，到达目的地所能节约的时间。

（8）收费信息：这类信息可以是固定的，也可以随不同时段的变化而变化，如高峰时段、非高峰时段等。

（9）行驶时间：到达某个地点的总行驶时间，包括管控车道和普通车道。例如："到市中心23分钟"。

（10）管控车道类型：这类信息帮助驾驶员理解他们是否符合使用管控车道的要求。例如："公交专用"、"收费车道"、"HOV车道"。

（11）车辆限制条件：目前已有的管控车道限制车型的普遍例子有限制载货汽车、限制拖挂车及限宽。

最终，这些外界信息和驾驶员个人需求互相作用，为出行决策的选取提供依据，驾驶员的个人认知需求有：

（1）避免到达迟到的需求：工作解雇或者损薪，或者需要在托管所关门之前接小孩，这些情况下需要考虑使用者对拒绝迟到的需求。

（2）在分离的车道中的适应性：有的驾驶员在隔离的设施中会感到不适甚至恐惧。此外，在管控车道事故管理时产生的车道拥堵中，有的驾驶员如果不能及时回到普通车道上就会感到被限制，这些驾驶员会减少管控车道的使用。相反的，有的驾驶员在两侧有护栏的车道中行驶会感到安全，这些驾驶员会增加管控车道的使用。

（3）在分离的车道中感到安全：相反，有的驾驶员在两侧有护栏的车道中行驶会感到安全，这类感觉会增加使用管控车道的喜好程度。

（4）时间价值的敏感性：影响驾驶员时间价值敏感性的因素包括是否迟到或者迟到的场合等。

管控车道所需的信息类型如表2-1所示，其中驾驶员信息取决于驾驶员本身特性和认知。

管控车道信息需求表　　　　　　　　　　　　　　表2-1

| 信息分类 | 所需的信息类型 |
| --- | --- |
| 管控车道信息 | 管控车道类型（HOV，固定费用，变化费用，允许行驶方向，其他综合信息） |
| | 准入车型 |
| | 运营时间 |
| | 开放/关闭信息 |
| | 入口信息 |
| | 管控车道终点 |
| | 管控车道出口位置 |
| | 是否收费 |
| | 所需的付款方式 |
| | 违规的罚金 |

续上表

| 信息分类 | 所需的信息类型 |
|---|---|
| 交通条件信息 | 普通车道实时交通拥堵情况 |
| | 普通车道或管控车道的事故信息 |
| | 利用管控车道可节约的时间 |
| 车辆信息 | 合理的乘客数量 |
| | 收费站数量 |
| | 特定车辆的限制(货车、拖挂车) |
| 驾驶员信息 | 节约时间的需求 |
| | 迟到的代价 |
| | 为收费车道花钱的需求 |
| | 时间价值观 |
| | 隔离设施的舒适水平 |
| | 如果管控车道和普通车道之间存在很大的车速差,同向的车道设施舒适程度 |

根据不同的管控车道设施,结合不同类型的驾驶员,管控车道用户需要道路运营者提供的信息如表2-2～表2-4所示。

HOV车道用户所需信息类型　　　　　　　　　　　　表2-2

| 用户分类 | 同行交通流 | 护栏隔离 |
|---|---|---|
| 不熟悉的用户 | 入口信息 | 入口信息 |
| | 服务/开放/关闭时间 | 出口信息 |
| | 事故信息 | 服务/开放/关闭时间 |
| | 共乘信息 | 事故信息 |
| | 出行时间/节约时间 | 共乘信息 |
| | 车辆限制条件 | 出行时间/节约时间 |
| | | 车辆限制条件 |
| 较熟悉的用户 | 出口信息 | 出口信息 |
| | 服务/开放/关闭时间 | 服务/开放/关闭时间 |
| | 事故信息 | 事故信息 |
| | 共乘信息 | 共乘信息 |
| | 出行时间/节约时间 | 出行时间/节约时间 |
| 熟悉的用户 | 事故信息 | 事故信息 |
| | 共乘信息 | 共乘信息 |
| | 出行时间/节约时间 | 出行时间/节约时间 |

注:本表中所列的信息类型是典型案例,特殊的管控车道设施完全有可能会呈现出不同的信息传递需要和性能。

**收费车道用户所需信息类型** 表 2-3

| 用 户 分 类 | 静态价格或者随时段变化的价格 | 动态价格 |
|---|---|---|
| 不熟悉的用户 | 入口信息 | 入口信息 |
| | 出口信息 | 出口信息 |
| | 服务/开放/关闭时间 | 服务/开放/关闭时间 |
| | 事故信息 | 事故信息 |
| | 收费信息 | 收费信息 |
| | 出行时间/节约时间 | 出行时间/节约时间 |
| | 车辆限制条件 | 车辆限制条件 |
| 较熟悉的用户 | 出口信息 | 入口信息 |
| | 服务/开放/关闭时间 | 出口信息 |
| | 事故信息 | 服务/开放/关闭时间 |
| | 收费信息 | 事故信息 |
| | 出行时间/节约时间 | 收费信息 |
| | | 出行时间/节约时间 |
| | | 车辆限制条件 |
| 熟悉的用户 | 服务/开放/关闭时间 | 服务/开放/关闭时间 |
| | 事故信息 | 事故信息 |
| | 出行时间/节约时间 | 收费信息 |
| | | 出行时间/节约时间 |

注：本表中所列的信息类型是典型案例，特殊的管控车道设施完全有可能会呈现出不同的信息传递需要和性能。

**HOT 车道用户所需信息类型** 表 2-4

| 用 户 分 类 | 静态价格或者随时段改变的价格 | 动 态 价 格 |
|---|---|---|
| 不熟悉的用户 | 入口信息 | 入口信息 |
| | 出口信息 | 出口信息 |
| | 服务/开放/关闭时间 | 服务/开放/关闭时间 |
| | 事故信息 | 事故信息 |
| | 共乘信息 | 共乘信息 |
| | 收费信息 | 收费信息 |
| | 出行时间/节约时间 | 出行时间/节约时间 |
| | 车辆限制条件 | 车辆限制条件 |
| 较熟悉的用户 | 出口信息 | 入口信息 |
| | 服务/开放/关闭时间 | 出口信息 |
| | 事故信息 | 服务/开放/关闭时间 |
| | 共乘信息 | 事故信息 |
| | 收费信息 | 共乘信息 |
| | 出行时间/节约时间 | 收费信息 |
| | | 出行时间/节约时间 |
| | | 车辆限制条件 |

续上表

| 用户分类 | 静态价格或者随时段改变的价格 | 动态价格 |
|---|---|---|
| 熟悉的用户 | 服务/开放/关闭时间 | 服务/开放/关闭时间 |
|  | 事故信息 | 事故信息 |
|  | 出行时间/节约时间 | 收费信息 |
|  |  | 出行时间/节约时间 |

注：本表中所列的信息类型是典型案例，特殊的管控车道设施完全有可能会呈现出不同的信息传递需要和性能。

### 2.2.3 用户信息获取途径分析

管控车道信息的获取和普通车道获取途径类似，驾驶员主要通过道路信息发布终端、交通流环境、道路几何特性、驾驶员自身经验获取信息，并作出决策。作为道路运营和管理者，应为用户提供完整、实时、准确的道路信息，其信息的提供方式主要为信息发布终端，包括道路标志标线、信号灯、可变信息板、广播、电视、互联网、移动终端等。

各类信息发布终端均有其优缺点，在使用时应结合各自特点，合理使用，形成完整的信息服务系统。各类交通信息发布终端的特点对比如表2-5所示。

**各类交通信息发布终端特点对比** 表2-5

| 对比项目 | 互联网 | 可变信息板 | 广播 | 车载终端 | 移动终端 | 道路标志标线 |
|---|---|---|---|---|---|---|
| 信息发布内容 | 所有静态及动态信息 | 动态信息，如路况等 | 动态信息，如路况等 | 所有静态及动态信息 | 所有静态及动态信息 | 静态信息 |
| 信息发布形式 | 文字、图像、视频、音频 | 文字、图像 | 音频 | 文字、图像、视频、音频 | 文字、图像、视频、音频 | 文字、图形 |
| 信息发布针对性 | 面向服务请求的用户 | 面向所有出行者 | 面向所有出行者 | 面向服务请求的用户 | 面向服务请求的用户 | 面向所有出行者 |
| 信息发布实时性 | 实时发布 | 实时发布 | 实时发布 | 实时发布 | 实时发布 | 非实时发布 |
| 信息获取便捷性 | 出行中获取不便 | 出行中获取便捷 | 出行中获取便捷 | 出行中获取便捷 | 出行中获取便捷 | 出行中获取便捷 |
| 信息服务交互性 | 交互性强 | 无交互性 | 无交互性 | 交互性较强 | 交互性强 | 无交互性 |

由表2-5中可以看出，互联网具有信息覆盖面广、信息量大、信息针对性和实时性强等特点，但其物理特性决定其不利于出行中的信息发布。可变信息板具有表现力强、播放时间自由、出行中可实时获取信息的优点，但也存在针对性差、用户不能主动访问等缺点。广播设施价格低廉、普及率高，但其发布针对性和信息标线形式较差。车载终端各方面功能完备，但目前在我国普及率不高。移动终端信息发布灵活，表现形式丰富，针对性强，但其传输依赖于无线网络，如服务信息容量大，则信息流量较大。道路标志标线作为道路基础设施，是传递道路信息必不可少的方式，道路标志标线用于发布道路静态信息，是指导使用管控车道的重要手段，但是道路标志标线无法传递动态信息，且只能在出行过程中使用。

针对各种信息发布方式，有文献对出行者出行中的交通信息服务需求开展了随机调查，调查结果显示,在出行中,出行者最关心的信息内容依次是拥堵信息、交通管制信息及事故信息。目前,动态信息发布终端均可以获取上述信息,但可变信息板更为简单直观,表现力强,更可显示其自身的优势。出行者期望获取信息类型如图2-4所示。

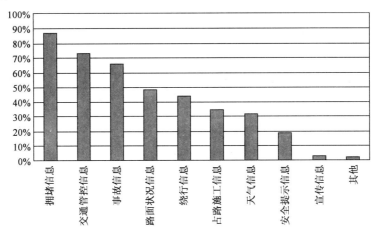

图2-4 出行者期望获取信息类型

在信息发布形式上,人们更期望获得"图形+文字"的形式,这是因为音频信息表现力差,而视频信息内容过多,不利于用户短时间内接受,且传输实时性受网络影响较大。出行者期望信息发布形式如图2-5所示。

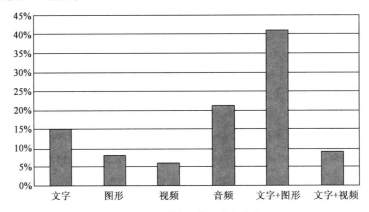

图2-5 出行者期望信息发布形式

由于各种服务终端的信息实时性和针对性不同,用户在使用时对各类终端信息的信任程度也不相同,同一用户在不同情况下对各种信息服务终端的服从率如表2-6所示。

各种终端信息服从率　　　　　　　　　　表2-6

| 发布终端 | 拥堵 | 缓慢 | 畅通 | 事故 | 重大活动 | 紧急状态 |
| --- | --- | --- | --- | --- | --- | --- |
| 可变信息报 | 0.33 | 0.32 | 0.24 | 0.30 | 0.26 | 0.26 |
| 广播 | 0.35 | 0.34 | 0.22 | 0.48 | 0.51 | 0.41 |
| 车载终端 | 0.01 | 0.05 | 0.03 | 0.04 | 0.03 | 0.04 |
| 互联网 | 0.01 | 0.02 | 0.03 | 0.03 | 0.08 | 0.04 |
| 经验 | 0.29 | 0.26 | 0.46 | 0.16 | 0.12 | 0.25 |

注：因标志标线作为道路基础设施的重要部分，直接指导驾驶员对管控车道设施的使用，且行驶过程中驾驶员对标志标线的服从在交通法规中有所规定，因此表 2-6 不再另对标志标线的服从率作出说明。

通过表 2-6 可以看出，用户在出行中对可变信息报和交通广播的服从率最高，道路畅通的条件下，驾驶员更多地依赖于经验出行，但是在道路有特殊事件的情况下，人们更乐于接受信息服务终端。

## 2.3 管控车道信息处理模型

### 2.3.1 行车用户信息处理模型

有一些管控车道的出行者需要在出行前获得交通信息，但有一些需要在出行路上决定目的地。用于出行决策的交通信息首先必须是安全的，同时应该与其他车辆的交通信息需求相交互，才能安全控制并有效诱导车辆使用管控车道。另外，管控车道的交通信息还应该与相邻车道的控制、诱导信息相交互，如此一来，在如此复杂的信息系统里就必然存在信息冲突和冗余的现象。管控车道的信息预告和发布，首先应该解决与其他信息的冲突和超过驾驶员信息处理负荷的信息冗余问题。

驾驶员在行车过程中需要获取大量的道路信息，交通系统中的信息处理主要由该系统中的各种因素所决定，如车辆的舒适性和平顺性、交通道路的路面状况、交通环境中的标志标识的视认性、环境照度与目标亮度及驾驶员的视觉生理与视觉心理等各种因素。

影响驾驶员输入信息的有交通标志标识信息、道路状况信息、驾驶员视觉特性信息、环境照度信息、车辆状况信息及监控系统信息等。各种信息之间存在相互联系和相互影响，进入驾驶员信息处理方式后，经驾驶员动态特性分析得到控制车辆行驶的决策，并通过系统协调执行系统决策。驾驶员依据驾驶实际经验和先验知识的调整，考虑外界环境因素的影响之后，利用各控制模块对车辆和视觉信息进行控制操作，并将系统信息的决策行为反映到车辆模型之中，这样就可改变驾驶员操纵车辆的行驶轨迹和行驶方向等。在这个阶段完成之后，系统重新进行自适应的调整，再对车辆行驶参数进行自适应的改变，然后重新将新的信息数据反馈到驾驶员的操作之中，为下一步系统的决策和执行做好准备。交通系统的结构模型如图 2-6 所示。

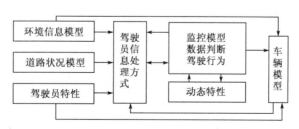

图 2-6　驾驶员信息处理系统的结构模型

然而人类获取、处理信息并产生反应的能力是有限的，尤其是在他们正在行车的过程中，如大量重要的标志可能导致信息超荷,导致驾驶员困惑,出现驾驶问题,影响行车安全。这些问题包括信息缺陷、标识内容混乱,对道路编号不熟悉,标志被障碍物遮拦,以及可变信息标志设计不合理等,所有这些问题都值得研究。

为了在不超过驾驶员处理信息的负荷条件下,为驾驶员提供合理的道路信息,实现交通诱导,人们提出了积极诱导的交通信息服务原则,提出了积极诱导模型(Positive Guidance Model)。驾驶员的信息源很多,包括车体的振动触觉、道路环境的听觉以及前方道路环境的视觉。根据积极的诱导模型,所有这些信息根据对驾驶员的控制程度分为三个水平:诱导(Navigation)、引导(Guidance)及控制(Control),如图2-7所示。

"控制"与车辆的操作直接相关;"引导"关系车辆的安全车速、车道选择等;"诱导"影响驾驶员出行起终点的选择。当驾驶员获取的信息超出其处理能力时,就会忽略诱导信息,其次是引导信息来维持其对车辆的控制,以避免与其他车辆冲突或产生其他危险。在积极诱导模型中,驾驶员信息负荷是关键,目前常用的驾驶信息负荷模型包括基于交通工程变量的简单的驾驶行为模型、更复杂一些的驾驶眼动模型,以及基于视觉场景结构和驾驶任务的视觉采样(Visual Sampling),或者复杂的多种环境下人类信息处理的认知模型。

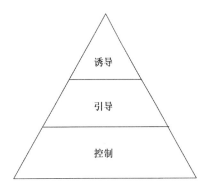

图2-7 交通信息的积极诱导模型

很多关于驾驶员获取交通标志信息的研究,包括视觉关联、心理信息负荷以及交通标志组成与位置等研究。本研究根据积极诱导模型,建立驾驶信息负荷模型,将驾驶员的信息需求分为两类:DTD(Driving Task Demand)和ISD(Information Search Demand)。其中DTD包括道路点和路段的基本特征,多为控制需求的信息;ISD则包括驾驶员可关注到的其他信息资源,主要是诱导和引导需求的信息,驾驶信息处理负荷模型如图2-8所示。但是该模型不考虑车载资源,所指信息源主要是车辆外部视觉上的。

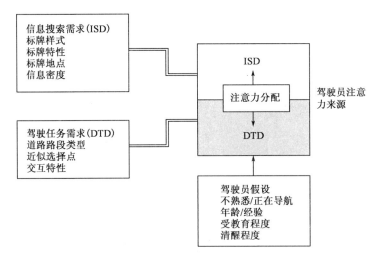

图2-8 驾驶员信息读取模型信息组成

驾驶员的信息负荷是 DTD 和 ISD 信息单元的堆叠,DTD 由两个信息需求组成,一个是与道路特性相关,另一个与信息发布地点至决策点距离有关;ISD 由特定的标志组和信息密度两个需求组成。因此整个驾驶信息负荷由四个信息单元的负荷组成:道路特征、信息发布点至决策点的距离、信息板组、标志组附近其他信息源。

管控车道的交通信息发布,除去以上四个部分的信息组成,还应包括车载设备的信息源。在制定管控车道信息发布策略的时候,应以良好的交通诱导为目的,尽可能采用驾驶员容易接受的方式,发布合理的信息,并确保不影响驾驶员的行车安全。

### 2.3.2 管控车道用户信息处理分析

根据驾驶员出行的不同阶段,其获取交通信息的过程可以分为出行前和出行中两部分。驾驶员在出行前的信息获取指驾车行为前的信息搜集,出行中的信息获取指驾驶员在行车过程中通过道路环境、道路设施、车载设施进行的信息获取。

由于出行前的信息处理行为不影响行车安全,因此本研究对于驾驶员的信息负荷研究主要指行车过程中。

同样的,管控车道用户的信息负荷分析主要在出行中,由于管控车道与普通车道不同,管控车道的使用信息除了道路几何特征信息、道路出入口信息,还包括管控车道设施的类型、使用条件、开放时间等信息,管控车道用户除了需要对路径选择做出决策,还需要在普通车道和管控车道设施之间做出选择。因此,管控车道用户信息负荷分析需要研究用户在出行中如何决策使用管控车道或者普通车道,驾驶员使用管控车道决策流程如图 2-9 所示。

根据驾驶员使用管控车道的决策流程,可以进一步分析管控车道用户在使用管控车道设施决策时获取的信息类型,以此作为驾驶员使用管控车道信息模型的基础,来考虑怎样、什么时候、什么地方为管控车道用户提供信息。

由于同一条道路上两辆车的驾驶员可能会有不同的信息负荷。一个熟悉道路环境或者只

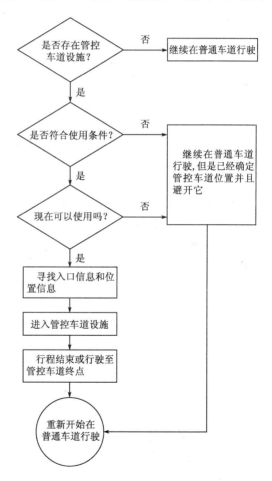

图 2-9 驾驶员使用管控车道决策流程图

想留在原有路线行驶的驾驶员的驾驶任务不重,即使存在大量的信息,他也可能不会完全去处理。相反,如果一个驾驶员缺乏驾驶经验,或者不熟悉道路、在拥堵的环境中行驶、在一个陌生的地点寻找合适的路径等,则对信息标志有着不同的需求。这意味着交通控制设施的信息内

容对驾驶员的负荷是不均等的。

管控车道设施的设置应该考虑不熟悉道路环境的驾驶员在毫无经验情况下的决策需求,并且即使是熟悉道路环境的用户,对于新的管控车道类型,他们可能更熟悉传统管控车道类型,从而对新的管控车道设施感到困惑,比如收费的 HOV 车道和收费车道的动态价格等。因此,他们也需要额外获取管控车道开放时间、执法规则以及如何付费等信息。

根据管控车道用户决策的流程,分析用户在每个决策选择阶段所需的信息,如图 2-10 所示。

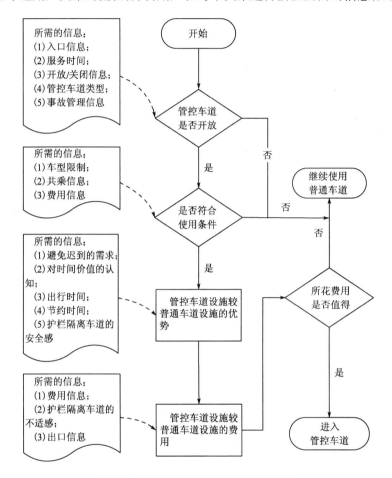

图 2-10 使用管控车道决策制定的信息需求

从图 2-10 可以看出,驾驶员在决策是否使用管控车道的过程中需要获取大量的信息,包括管控车道信息、交通条件信息、车辆信息及驾驶员信息。其中驾驶员信息属于驾驶员特性,驾驶员使用管控车道的信息负荷主要来自管控车道信息、交通条件信息和车辆信息。

对于道路用户来说,在行车过程中接收所有管控车道相关信息并做出决策的过程,信息处理量是非常大的。

根据 2003 年美国交通运输研究委员会 NCHRP 报告,驾驶员在获取信息到需要做出决策的地点之间,驾驶信息负荷随着接近决策地点而逐渐增大,在某一处达到最大值然后下降,在完成决策以后降低到处理道路线形信息的负荷,如图 2-11 所示。

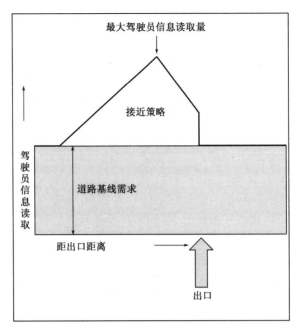

图 2-11　驾驶员需求信息读取概念

图 2-11 中横轴是指车辆行驶方向,纵轴指驾驶员的信息负荷值。假定道路特性信息负荷是固定值,作为"道路负荷基线",在此基线上则为驾驶员的信息处理负荷,随着距离决策点的接近而增高,在某处达到峰值。

道路线形带给驾驶员的信息负荷由道路性质和特性决定,可以大致分为三种:出口间距、车道方向及服务水平,在研究中将它视为常量。驾驶员在接近决策点时,除了处理道路信息以外,可能还需要控制车辆与其他车辆的冲突、寻找变道时机、决定变道速度等,导致驾驶负荷增加。

对于管控车道用户,这个决策点可以是管控车道的入口或者出口,对于用户来说,信息处理的时间越多越利于行车安全,由于驾驶员在决策点除了需要做出路径决策以外,还需要相应采取一系列操作。因此,有必要尽可能将信息放在距离决策点远的地方提供给用户,以增加用户的考虑时间,但是过早地提供信息会影响信息的服从率,所以良好的交通信息发布机制应该利用合理的信息发布方式,在合理的时机简单正确地为驾驶员提供所需的信息。

## 2.4　管控车道信息预告与发布机制

(1) 信息发布内容

根据管控车道信息的需求,信息的发布内容主要为管控车道信息、交通条件信息和使用指导信息。除此以外,还应该与普通车道共享交通事件信息、交通引导信息等。

交通事件信息是指为出行者提供发生事件的位置及严重程度、受影响的范围和方向、预计持续时间等信息。此外,当交通事件严重影响交通流正常运行时,需提供替代路径信息。

交通引导信息是指当前方道路发生交通事件或拥堵时,向出行者推荐有关分流建议和替代路径的信息,以便于出行者避开交通事件发生地点或拥挤路段。

具体的信息发布内容在 2.2.2 节中有所介绍。

(2) 信息发布对象

管控车道信息发布的对象为管控车道使用用户和潜在用户。

(3) 信息发布时间

根据管控车道的类型,管控车道设施的几何线形特征、出入口等信息可以静态形式发布;车道运营时间、费用变化等可以动态形式发布;交通事件等路况信息应以动态形式发布。

静态信息主要以交通标志标线的形式发布,标志标线的布设位置决定静态信息的发布时机。根据驾驶员视觉认知的研究成果,《交通标志标线》(GB 5768—2009)中对预告标志的位置已有相关规定。

动态信息的发布时间间隔大小与出行者对接收到信息所做出的反应有密切的联系,过大的时间间隔不利于及时更新新的交通信息,特别是在异常交通状况发生时,而时间间隔太小可能会使发布的一部分信息成为垃圾信息,分散驾驶员的注意力,不利于行车安全。有研究表明,在日常情况下,可按固定时间间隔发布交通信息,其中时间间隔不大于 15min;在发生交通事件或拥挤等异常交通状况时,按照事件或拥挤的进展情况及时更新的信息。

(4) 信息发布方式

视觉方式是指出行者以视觉器官感知外界事物的变化以获取信息的方式。研究表明,视觉是人和动物最重要的感觉,至少有 80% 以上的外界信息经视觉获得。视觉方式可以在较短的时间内显示大量的、复杂的信息。出行者对于以视觉方式显示的信息在理解力和适应性上更具有优势,但是由于视觉注意力会引起出行者远离驾驶任务,不利于行车安全。因此,以视觉方式显示信息时要注意减少出行者的视觉负荷和心理负担,确保行车的安全性。

听觉方式是指出行者利用听觉器官感知外界事物的变化,获取信息的方式。听觉是仅次于视觉的重要感觉通道,是人体第二大获取信息的主要器官。

以听觉方式显示的信息能立即引起出行者的注意力,但出行者处理以听觉方式显示的信息所需时间较长。当显示信息的复杂度由低到高增加时,出行者处理以听觉方式显示的信息的时间将随之增加,但处理以视觉方式显示的信息的时间基本保持不变。这表明,随着显示信息复杂度的增加,以听觉方式显示信息的优越性将降低,而且当以听觉方式显示复杂度较高的信息时,出行者只能记住一部分信息。研究表明,对于包含 10~12 个信息单元的信息,出行者只能记住 75% 的信息;对于 6~8 个信息单元的信息,出行者能记住 98% 的信息;对于 3~4 个信息单元的信息,出行者能记住 100% 的信息。因此,听觉方式适合显示简单信息,而且,间断性信息也适合以听觉方式显示给出行者,以便于引起出行者的注意,同样,关键性和高度优先的信息、需立即引起出行者注意的信息,应该以听觉方式显示给出行者。信息复杂度标准和关键性信息标准见表 2-7、表 2-8。

**信息复杂度标准** 表 2-7

| 复 杂 信 息 | 简 单 信 息 |
| --- | --- |
| 超过 9 个信息单元 | 3~5 个信息单元 |
| 信息处理时间大于 5s | 信息处理时间小于 5s |
| 例如:出行路径信息、交通时间信息等 | 例如:转向信息、总出行时间、出行费用等 |

关键性信息标准　　　　　　　　　　　　　　表2-8

| 关键性信息 | 非关键信息 |
| --- | --- |
| 响应时间在0~5s间 | 响应时间超过5min |
| 后果严重,如死亡或重伤 | 后果不严重 |
| 例如:影响出行者安全的严重交通时间信息、严重交通拥挤信息等 | 例如:天气状况信息、转向信息等 |

(5)信息发布手段

①标志标线。

标志标线可以用来发布静态交通信息,是驾驶员在出行中获取道路信息的主要途径。目前,标志标线设计规范中对于管控车道的标志标线的规定非常少,一旦建立管控车道设施,其标志标线需要传达的信息非常重要且信息量较大,包括管控车道信息(管控车道类型、使用条件、开放条件、收费条件等),管控车道的标志标线直接指导驾驶员正确使用管控车道设施,且标志标线的布置位置影响信息的服从率,因此有必要对管控车道的标志标线设计进行单独的研究。

②可变信息板。

可变信息板主要用于告知用户实时的道路交通信息,它的主要作用为:一方面,根据道路监控信息向出行者及时通报前方路段交通运行状况,方便其选择最佳出行路径,减少道路拥挤;另一方面,指挥中心根据天气变化情况、道路施工、交通事件等情况,显示有关交通警示语、交通图形,提高出行者的警觉性,便于行车的安全性。

可变信息板用来发布管控车道的动态信息,如开放信息、动态收费信息等,以及实时道路路况。

③广播。

电台广播可用于管控车道实时路况、合乘信息的发布,还可以提供天气状况、交通事件信息等,指出影响位置、区域、路段或受影响的点位置、持续时间和分流建议等。

④互联网。

互联网多用于出行前的信息服务,其用户可认为是出行者或潜在的出行者。在出行前为其提供信息,根据这些信息,出行者可以选择最佳出发时间、出行方式和出行路径或改变出行计划。

互联网可以用来发布管控车道设施的使用政策法规、合乘信息等,可为出行计划的制订提供参考。

## 2.5 管控车道标志设计与发布时机分析

### 2.5.1 管控车道标志设计

(1)出入口用语

关于管控车道的出入口标志是否使用原路线名称的问题,美国做的一项研究,通过对驾驶员进行调查发现,大部分用户表示可以用简单的"出口"、"入口"标识,这种标识不会让用户明显感觉进入管控车道是更换了路线。

(2)合流区标志

对于合流区,尤其是通过标线划分的合流区,不必额外设置标志,这样可以允许交通量在普通车道和管控车道之间灵活转换。

(3)标志设计

管控车道标志信息研究的一个关键问题是如何将管控车道的信息从普通车道的信息中区分出来。调查发现,大多驾驶员建议管控车道应该和普通车道的标志"看起来不一样"。建议管控车道的标志有:

①增加 HOV 车道指示标志。

②增加 HOV 的名称。

③更换颜色。

④将管控车道的标志设置在左侧或者与普通车道的标志分开设置。

⑤将管控车道标志放置在出口位置。

其中最常见的建议就是改变标志的颜色。

(4)标志颜色

根据调查研究,部分用户建议管控车道的标志使用不同的颜色与普通车道标志区分开,美国 MUTCD 手册中采用紫色作为管控车道标志颜色,如图 2-12 所示,这种方式虽然可行,但是对于色盲患者采用颜色区分可能存在问题,因此研究者提出另一种方案,即采用部分管控车道标识内容结合不同颜色的版面设计,可以取得较好的效果。

更多关于管控车道交通控制设施的设计成果请参见本书第 3 章、第 4 章内容。

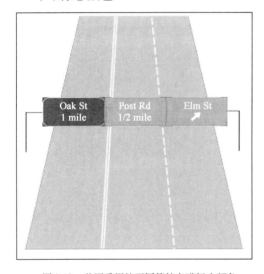

图 2-12 美国采用的不同管控车道标志颜色

### 2.5.2 管控车道标志发布时机

(1)标志位置

有一种区分管控车道标志和普通车道标志的方法就是将它们物理分离,例如图 2-13,管控车道的标志使用单独的标志结构,管控车道内的驾驶员不需要关注普通车道的标志,而普通车道且不准备使用管控车道的驾驶员则可以忽略该标志,但是这种方式也存在缺陷,容易被部分潜在管控车道用户忽略。

另一种管控车道标志设置方法,是在标准标志上方增加管控车道信息,与普通车道共用标志结构,如图 2-14 所示是休斯敦 Katy Tollway 的标志设置,这种黄色结合单独版面的设计可以有效地将管控车道信息与普通信息区分开来,并且黄色代表警示或者注意,它可以有效地起到提醒的作用。

(2) 高峰时段和事故时段管控车道的使用

在高峰小时段或者普通车道发生事故的时段,可能存在为所有车辆紧急开放管控车道的需求。如果管控车道是限制车型驶入的,那么在短时间内要告知公众车道向所有车辆开放就会存在一定困难,图 2-15 是休斯敦 HOV 系统使用的一种 HOV 标志,使用三块电子可变信息面板,用来在不同时段显示不同的信息。然而,根据调研发现,只有一部分人根据标志中"所有车辆"的信息判定该车道可以供所有车辆行驶,部分驾驶员因标志上的菱形图标和"HOV"文字而认为该车道不可以随便驶入,因此建议将"HOV"标志去掉,或者明确标志信息为"车道向所有车辆开放"。综合调查结果,在遇到管控车道准入信息变更时(如乘客数量、收费条件等的改变),建议采用以下方式发布信息:

图 2-13 管控车道标志案例

① 在管控车道入口前设置动态可变信息板标志。
② 发送邮件(但是这种方式在事故条件下使用效果不佳)。
③ 互联网。
④ 咨询电话。
⑤ 广播。
⑥ 交通电视新闻。

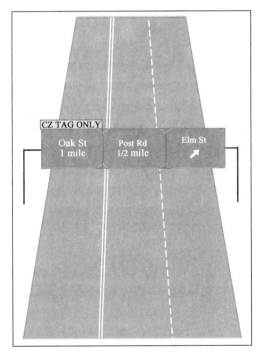

图 2-14 休斯敦 Katy Tollway 的标志设置

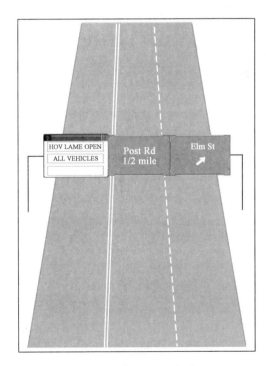

图 2-15 休斯敦 HOV 标志

### 2.5.3 美国管控车道标志使用经验

美国对管控车道标志的设计与信息类型的发布做过相关研究,主要采用调查的方式,对其现有的管控车道标志设计形式进行问询调查,调查内容包括乘客数量信息的显示方式、收费信息的显示方式、出入口数量及位置的发布等。其调查结果体现了不同的用户需求,在国内的标志设计中值得考虑和借鉴。

（1）乘客数信息

对于乘客数量信息的表达方式,研究者发现美国不同地域的驾驶员有不同的理解。在休斯敦,图2-16中的车辆乘客数量表达图形都可以被接受和理解;在达拉斯,虽然不熟悉这种表达方式,但可以很快被人接受;在圣安东尼奥,人们也不熟悉这种图标,但有一些驾驶员不能很快理解它的含义。

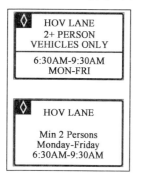

图2-16 管控车道成员数版面设计

当仅使用数字时,驾驶员会认为数字代表车道数而不是允许载有的乘客数。因此,建议标志上乘客数的表达采用车内数字符号而不是单纯的数字。

如果采用图2-16中的方案,在休斯敦的驾驶员认为容易接受和理解,但是圣安东尼奥和达拉斯的驾驶员则更偏向于简短一点的符号,并且有研究者提出对于不适用英文的驾驶员来说,图2-16中的表示方式也存在一定问题。

对于图2-16中的时间描述,更多人偏向于选择将时间放在日期上方,并且大多数人可以较容易理解日期的缩写,部分调查者表示更愿意接受图中的垂直排列,但他们的共同诉求就是标志信息应该简单且便于快速阅读。

（2）动态价格信息

当管控车道设施根据乘客数量动态收费时,收费信息的发布问题就相应变得复杂。在休斯敦的一条道路上,允许两人乘用的车辆以付费的方式使用限制三人以上乘员专用车道,但驾驶员必须事先进行注册并且正常显示车牌、拥有ETC设施。目前这项计划只针对2名乘员的车辆,但是有其他管控车道设施提出允许单乘员车辆在非高峰时段使用。这种运营策略需要区分车辆是否事先登记,非登记2名乘员的车辆可以在非高峰时段免费使用管控车道设施,而注册的2名乘员车辆还可以以付费的方式在高峰时段使用。另外,单乘员车辆必须登记为单独的一个用户类别。

当向休斯敦被访者问及这项计划时,只有一名被访者表示听过,而管控车道设施的管理者表示已经通过标志的形式向所有人传达了这一理念,如图2-17所示。通过对被访者的问询,这种标志给人带来误解,公众不知是否可以进入车道,并且认为会有人收取费用。有些人认为如果停车缴费,会降低车速影响快速通道的基本功能。设施管理者解释每种情况下只有提前登记的车辆可以使用车道,并使用电子收费,这种收费信息的发布方式在所有的入口点都有清晰显示。

通过对被访者的调查,大多数人更愿意接受免费开放的车道设施,还有一部分被访者误认为数字 2、3 是表示的车道数,他们更能接受使用符号代替文字,大多数人更希望管控车道开放时间固定,甚至有些受访者认为管控车道设施应该面对固定乘员数量的车辆开放。

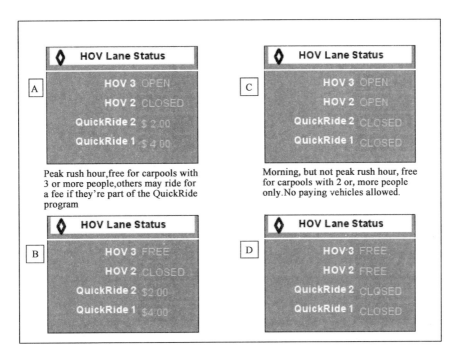

图 2-17 管控车道可变信息板

(3) 出入口数量及位置

经调查研究,驾驶员是否使用管控车道要根据交通条件或者是否快要迟到来决定。有人提出了对管控车道使用的担忧:"在休斯敦,对于护栏隔离的管控车道如果不熟悉出口,会错过出口而导致行程时间反而增加。"

关于对管控车道的期望,当被问及希望管控车道多远设置一个出口,大部分被访者认为不期望管控车道会像使用普通车道一样拥有众多出口,但他们希望如果主要交叉道路节点处没有出口,可以提前告知他们。对于最低期望,他们希望在主要的交通节点处可以设置出口,并且希望至少要知道下一处出口的位置;而最高的期望则是,建议和普通车道的出口一致,并且标志告知下三个出口所在位置。有些受访者认为如果在入口端综合发布下一出口的名称和公里数,那么驾驶员就可以像使用普通车道一样轻松决定何时应该驶入或驶离 HOV 车道。当被问及如果出行目的地处没有 HOV 车道出口,是否会提前出 HOV 车道,还是会推迟驶出然后掉头回去,大部分受访者表示会提前驶出,少部分表示会尝试掉头绕回去。

(4) 其他用户关心的问题

每个城市都有受访者关心护栏隔离车道的安全问题,包括以下问题:

① 担心走错路线。

② 担心前方停车,后面将陷入拥堵。

③ 不知应该从哪个出口出去。

④ 不知是否需要付费进入。

⑤车道是否太窄。

很多被访者表示他们更愿意使用以锥形筒或者其他更加缓和的分隔方式,但也有人认为护栏式的隔离可以保证车道的使用中免受其他车道打扰。

## 2.6 展　　望

美国管控车道信息发布的方式主要以标志牌、可变信息板为主,内容主要是出入口指示和车道使用条件,其信息发布的内容与方式值得我们参考和借鉴。

由于我国城市用地紧张,经济发展程度与发达国家相比还较弱,目前更多使用的车道管理模式是公交专用车道和BRT快速公交车道,相应的信息发布手段也以标志牌为主。但是,随着第一条HOV车道在无锡运营,未来中国可能会出现更多的合乘专用车道等模式。管控车道的信息发布,除了道路上的标志牌、可变信息板等设施,还应该结合互联网和车载终端,以更加多样化的手段来提供更丰富的信息,包括道路条件、合乘邀约、路网实时交通情况等。

# 第3章 管控车道交通控制

## 3.1 概　　述

管控车道的交通控制是实现管控策略有效进行的主要手段,既有交通标志、标线及隔离设施等交通附属设施实现的物理控制手段,又有利用信号灯等设施实现的信息控制手段,还有采用限时、收费、限车型等策略实现的管理控制手段。本章将介绍目前国际上管控车道控制方式的相关设计标准,主要为公交专用车道、高承载率专用车道的交通安全设施设计标准。由于我国相关的研究较少,介绍发达国家的管控车道控制设施的设计成果,主要为高承载率专用车道的专用的标志符号、运营时间、标准车道名称、入口控制、车辆准入标准等,此外还将介绍发达国家货车专用车道、快速公交系统的管理经验。

## 3.2 管控车道交通控制主要类型

交通控制,也叫交通信号控制,或城市交通控制,就是依靠交通警或采用交通信号控制设施,随交通变化特性来指挥车辆和行人的通行。现代交通控制主要通过电子计算机管理的交通控制设施对交通流进行限制、调节、诱导、分流以达到降低交通总量,疏导交通,保障交通安全与畅通的目的。由于管控车道的特殊性,在交通控制方面需要比普通车道更加信息化和智能化,所运用的交通控制类型也就极大地丰富了。以下是管控车道采用的一些主要交通控制类型。

### 3.2.1 标志标线及隔离设施

(1) 交通标志

在管控车道的运营与管理中一个很重要的元素就是车道中的标牌,无论是进出口的上游还是下游。准确地说,信息性标牌主要用于解释管控道路的使用和运营规则,同时保障安全的进入和驶出。管控车道标牌一般需要向驾驶员提供以下信息:

① 入口和出口位置。
② 乘坐率准入标准。
③ 运营时间。
④ 收费费率。
⑤ 执法规定。

大部分的HOV车道标志和标线都涉及提高驾驶者的安全。HOV标志和标线的设计和布局应清楚地表明,它们应该传达一个信息,即无论是用于HOV还是混流车道的驾驶者,HOV车道只限于传递HOV的信息,入口/出口地区提供了明确的方向,确定车辆占用要求、运营时间以及违章罚款。

不合理的标志会使驾驶员无法做出合理的行驶决策,甚至可能影响到车辆安全。通常情况下,当管控车道与普通车道相邻时,两者的标牌可能会发生冲突:在管控车道或普通车道行驶的驾驶员可能不仅会看到想看到的自身车道的标牌,还有可能看到混淆的其他车道标牌。所以管控车道标牌需要使每个驾驶员都能清晰地理解并不会产生混淆。

标牌的放置位置需要给驾驶员充分的反应时间来做出变道或其他反应。管控车道设施成功运营的概率会由于运用了好的信息、方向指示牌而大大提高。

另外,还需要在管控车道中连续性的布置执法警示牌来防止违规行为的发生。研究显示,缺少连续的执法警示牌会助长未授权的车辆进入车道设施。特别是当管控车道未与普通车道隔离时,许多车辆会在中途进入管控车道,从而造成严重的安全隐患。

在美国,管控车道标志大多使用矩形版面,结构形式采用门架、悬臂或单柱、双柱多种方式,信息以文字表达为主。根据《联邦交通控制设施指南》(Manual on Uniform Traffic Control Device)的相关规定(白色标志用于交通管理信息,绿色标志用于道路引导信息,黄色标志用于警告信息),美国管控车道标志的颜色设置为:

①管控车道的开放时段、使用条件、允许车型等信息使用白底黑字标志。

②管控车道的指路标志使用绿底白字;管控车道的警告标志使用黄底黑字。

③其中HOV车道用菱形(◇)表示,用来取代"HOV"字样。以黑底白边的形式置于标志的左上方。

各类管控车道标志如图3-1~图3-3所示。

a)加利福尼亚州 HOV 车道合流标志　　b)得克萨斯州 HOV 车道入口预告

图3-1　管控车道警示标志(黄底黑字)

(2)可变信息标志

除了传统标志,可变信息板也广泛地应用于管控车道管理中,可变信息标志具有方便实时更新标志信息的优点,适用于临时管控或分时段的管控车道。管控车道可变信息标志如图3-3所示。

(3)交通标线

美国管控车道的标线主要为路面标记和车道分界线。路面标志采用专用标记或者文字,如图3-4、图3-5所示。

美国管控车道分界线按颜色分为白色和黄色,按线型分可分为单实线、双实线和单虚线。

①管控车道右侧均使用白色分界线；左侧根据需要可选择白色或者黄色，车道交通流方向不变时使用黄色分界线，交通流可变时使用白色分界线。

a) 长岛快速路HOV车道指路标志

b) 得克萨斯州HOV车道指路标志

图 3-2　管控车道指路标志（绿底白字）

a) 加利福尼亚州收费快递车道可变信息板

b) HOV车道可变信息板

图 3-3　管控车道可变信息标志

②管控车道右侧白色实线表示不可跨越，白色虚线表示可跨越，白色双实线用于禁止跨越的全时段管控车道。

③当管控车道设置进、出普通车道的出入口时，出入口使用虚线。

具体车道分界线的设计方法如图 3-6、图 3-7 所示。

目前，国外管控车道具体使用情况如图 3-8 所示。

图 3-4　HOV 车道路面菱形标记

（4）隔离设施

物理隔离设施是指为了对专用道路进行隔离封闭的人工构造物的统称，其主要有固定护栏、可移动护栏及混凝土隔离设施等形式。城市道路隔离设施，在分离对向交通流、降低车道间交通流横向干扰等方面发挥着重要的作用。根据美国实践应用研究，交通流隔离设施亦是保障交通安全的重要道路设施之一，并且安装隔离设施后道路交通事故率较大程度地低于无隔离设施的同类型道路,因此管控车道隔离设施的设置对保证道路的交通安全方面亦起着非常重要的作用。

图3-5 管控车道路面文字标记(美国加州)

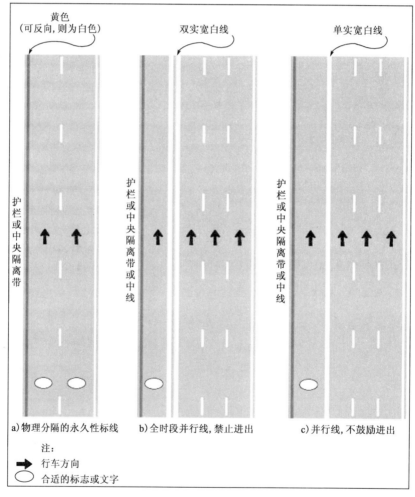

图3-6 管控车道标线设计(一)

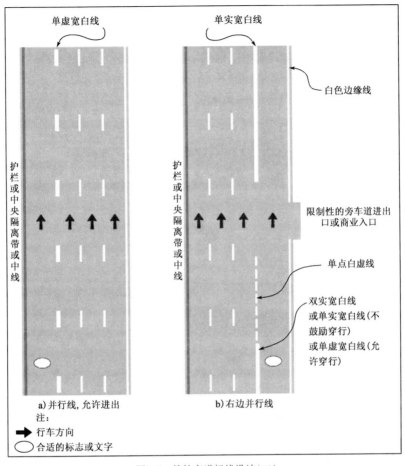

图 3-7 管控车道标线设计(二)

**HOV车道入口处路面标线**

图 3-8 美国德州管控车道右侧分界线白色虚线的使用

在美国亚特兰大管控车道系统规划中,将管控车道的隔离设施分为栏栅隔离(Barrier)和缓冲隔离(Buffer)两类,其中栏栅隔离包括使用混凝土防撞栏和分离立交等,缓冲隔离包括路面标线和可移动隔离设施等。

每种设施的使用效果如图 3-9 所示。

a) 路面标线隔离

b) 可移动隔离设施

c) 混凝土防撞护栏

d) 分离立交

图 3-9 美国加州管控车道隔离设施

针对以上各种隔离方式,美国亚特兰大管控车道系统规划报告对其优缺点进行了分析,如表 3-1 所示。

**各类管控车道隔离方式优缺点** 表 3-1

| 隔离类型 | | 优　点 | 缺　点 |
|---|---|---|---|
| 缓冲隔离<br>(Buffer) | 路面标线 | (1) 成本低;<br>(2) 公众使用熟悉;<br>(3) 容易实施;<br>(4) 当管控车道不适用时方便清除;<br>(5) 必要时车辆撤离管控车道方便 | (1) 执法管理困难;<br>(2) 驾驶员可以随便出入管控车道 |
| | 塔形隔离<br>(可移动<br>隔离设施) | (1) 相对成本较低;<br>(2) 可以为车道间提供清晰的分界;<br>(3) 在紧急情况下,必要时车辆可以驶离管控车道;<br>(4) 在管控车道不适用时移除方便 | 易损坏,需频繁维护 |
| 栏栅隔离<br>(Barrier) | 混凝土<br>防撞护栏 | (1) 使用这种隔离方式让可转变方向车道的实施成为可能;<br>(2) 与普通车道中的慢速交通流进行物理隔离,让驾驶员感觉更加安全 | (1) 有些公众表示这种设计会引发他们的幽闭恐惧症;<br>(2) 由于害怕撞到护栏和损坏车辆,可能导致有些车辆车速很慢;<br>(3) 混凝土护栏让紧急救援疏散受到限制 |
| | 分离立交 | (1) 出行效率高,尤其是对长途出行者;<br>(2) 时间、费用等投入必然可以得到回报,因此这种设计尤其适用于 HOT 或其他收费车道;<br>(3) 与普通车道隔离,让驾驶员更有安全感 | (1) 有公众表示这种设计会引发他们的幽闭恐惧症或恐高症;<br>(2) 紧急救援和疏散困难;<br>(3) 建设期长;<br>(4) 这种设计复杂且昂贵,被实施的可能性小 |

在管控车道的实际设计中,需要结合各地方的交通、用地、经济和社会情况,结合各种隔离设施的优缺点进行综合考虑,选择最实用的隔离方式。在隔离设施的规划建设中,隔离设施的设计需要根据当地交通状况的需求,根据实际情况分析是否需设置物理隔离设施,并对其设置合理性进行研究。在 HOV 车道规划中,专用双向 HOV 车道、专用可变单向 HOV 车道及同向车流 HOV 车道可设置混凝土墙或护栏,将 HOV 车道与普通车道进行分离,继而达到保障专用车道交通流行驶不受干扰的状态。该种以物理隔离设施分流的状况通常适用于 HOV 车辆较多、道路合流与分流的交通量较大,且 HOV 车道设置长度较长的情形。针对逆向行驶的 HOV 车道,在其潮汐交通流特性的影响下,固定的隔离设施已不能满足其交通需求,因此可移动护栏技术逐渐成为一种重要的管控车道隔离方式。如图 3-10 所示为马萨诸塞州高速公路实施的可移动护栏装置。

图 3-10　马萨诸塞州高速公路可移动护栏装置

可移动护栏技术能够改变道路交通流通行方向,且针对双向交通流具有连续有效的保护作用。该技术能够改变道路行驶区间的宽度与长度,能够储蓄维护工作区域与相邻车道的交通流。同时,可移动护栏技术能够对当天中的交通流做出实时的反应,因此,能够迅速地改变道路高峰时期高峰方向通行能力不足的问题,减缓因潮汐交通流而引发的交通拥堵问题。

可移动护栏技术由若干相互链接的铰链形成的连续链与护栏自动传送系统组成,针对互相链接的铰链形成的连续链,其交叉部位与其他可移动护栏相类似,但其端部呈现"T"形,在护栏的任一端处,可通过钢栓的插入与拔出进行控制,继而能够方便地将护栏的各部分进行固定与移动。护栏自动传送系统能够将护栏从一侧移动至另一侧,准确地形成一条新型的车道线,其移动速度可达到 5mile/h。

在美国实践应用中,众多的可逆车道均将可移动护栏技术应用于一至几英里的交通流控制中,有效地缓解了交通拥堵问题,提高了道路运行效率。同时,可移动护栏亦能够控制可逆车道内的自由流速度,节省旅途时间。

## 3.2.2　信号灯

在典型的城市交通环境中,每天都有 2/3 甚至更多的出行是发生在由交通信号灯控制的车道上,进一步的,交通信号灯的运作质量直接决定了城市道路交通流的出行质量,所以交通控制系统的运营目标就是要最大限度地应用现有道路网络设施并且减少出行时间,同时不引起对环境的负面影响。

现代交通信号灯控制系统已经发展成为交通管理设施中极为重要的一环,在对拥堵预防、控制、削减和降低事故率等方面的作用显著。管控车道所应用的交通信号灯系统的先进性主要体现在采用了可适应性控制系统(Adaptive Control System)、交通回馈系统、实时数据采集与分析和维护管理系统。交通控制系统的硬件组成部分包括当地的控制器、探头、可变更的信息牌、闭路电视摄像头及中央电脑;软件方面则包括实时控制软件、优化软件及仿真软件。为当地控制器开发的控制软件允许控制器接收探头传入的数据,分析处理数据,计算出优化时间配比,然后控制信号灯采纳变更后的方案。

目前,世界上最常见的交通控制系统为SCOOT(Split, Cycle and Offset Optimization Technique:绿信比,周期和相位差优化技术)与SCATS(Sydney Coordinated Adaptive Traffic System:悉尼协调自适应交通系统)。

SCOOT是由英国运输研究所在TRANSYT基础上研制的自适应控制系统,该系统于1975年研制成功,并在英国城市Glasgo进行现场试验,获得了较好的效果。20世纪90年代,SCOOT系统进行了多次升级,其最新版本为414版,其版权为TRL、PEEK公司和西门子公司共同拥有。SCOOT已经历了20多年的发展,全世界共有超过170个城市正运行着该系统。

SCATS系统是由澳大利亚新南威尔士道路和交通局(RTA)于20世纪70年代末研制成功的,从1980年起陆续在悉尼等城市安装使用。SCATS系统一直由Plessey公司负责销售。2000年Plessey公司的交通业务部与Philips Projects公司合并成立了Tyco系统集成公司,接管了SCATS系统的经营业务。目前,全世界大约有50个城市正在运行SCATS系统。

在管控车道中的交通信号灯调控系统可基本遵循表3-2。

**管控车道交通信号灯类型** 表3-2

| 交通控制种类 | 主要特性 | 控制技术 | 控制方法 | 应用条件 |
|---|---|---|---|---|
| 孤立的交叉路口 | 不考虑周边交叉楼口的时间信号 | 定时 | 由之前确定的时间表来分配份额 | 需要该路口与其他路口充分隔离,使得到来的车辆不会展示出队列特性。信号等时间分配与剩余路口没有关联 |
| | | 交通感应 | 通过探头对一条或多条道路所探测的实时交通数据来修正绿灯时间 | |
| 基于时间的协调(或交叉控制) | 基于普通的时间同步 | 提前确定的调节 | 使用电脑程序通过特定时间内的平均需求车流量来计算时间配比 | 信号灯之间足够靠近,使得可以综合考虑 |
| 交通回馈(或调节)控制 | 时间计划迅速产生并自动应用系统感应器 | 在一个循环内改变绿信比。改变循环补偿在数分钟之内 | 用上流感应器数据优化目标函数比如延误时间或将拥堵控制在某个程度内 | 应用于每天交通需求量急剧变化或是由于特殊交通事件产生大幅波动的路口 |
| 交通量适应性控制 | 基于在每个信号灯处预测的交通量来改变相位 | 用预测的数据改变方案 | 利用交叉路口的感应器数据预测车流量 | 和交通回馈控制一样,对在交通流中随机产生的变化同样反馈 |

从表 3-2 中可以看出,选择何种交通控制种类由多方面因素决定。先确定交叉路口的具体情况,看是否与其他路口相关联、关联度有多高等,然后确定具体的交通控制特性与技术,进一步分析路口情况后采用相应的交通信号灯配时方案。

### 3.2.3 控制策略

在拥堵程度较为严重的城市,交通供给无法满足交通需求时,为了严格控制管控车道的交通容量,需要通过发布交通控制政策来对交通需求进行调控。交通需求管理措施一般以政府的名义实施,从政策层面来制定的一种战略性对策。交通需求管理措施涉及面广。实施前,需要进行方案论证、召开听证会听取群众意见;实施中,要完善相关的公交配套措施;实施后,还要适时评估成效跟进后续措施等。因此,若要采取常态化的措施,一般以政府名义实施为好。一般来说,可与管控车道的交通控制结合的主要有以下几种交通管控政策:

(1) 错时上下班制度

错时上下班制度是为缓解高峰期间交通压力而实行的弹性上下班制度。当管控道路的自身调节交通需求能力不足时,同过施行错时上下班政策,可有效减少早晚高峰时段车道的容量压力,从而保证管控车道的高效性与安全性。目前,国内城市实施的错时上下班主要分为机关事业单位错时上下班、全社会错时上下班等几种,区别在于错时的行业和范围。

(2) 尾号限行制度

尾号限行制度是指为了缓解交通压力,对机动车上路实行号牌尾数对应日期号上路的措施。按照目前国内已经实施的限行手段及其限行力度分类,主要有区分单双号限行和每周工作日停驶一天两种。前者一旦实施,将削减 50% 的小汽车出行,因此较少被常态化采用,但是由于其力度大、削峰效果明显,故常常被用在大型运动会、节假日交通组织方案中。由于管控车道的特殊性,在对其进行的交通控制中,如果施行尾号限行制度,则交通量会得到有效遏制,但同样有造成容量过剩的可能性。当管理者作出限行决策前,应进行充分调研,确保不对管控车道设施造成负面影响,将交通量供需维持在合理程度,并不断对交通措施进行微调。

(3) 入口控制

入口控制是基于道路拥堵程度或道路环境变化(如事故或维护需要)而对车辆进行限入的办法。当管控车道由于各种情况无法高效地运行时,则可以开始限制进入该车道的车流量。入口控制并不一定要限制某一个类型的车辆,尽管有时直接与车道相连的匝道是专门提供给公交或多人拼车的。交通需求可以通过减少入口与出口数量,使用分级匝道或在匝道处放置现行的屏障来控制车道入口。

出入口类型与交通流的交通组织方式紧密相连,在不同的出入口类型和各种组合的方式下,交通流所呈现出的交通特性也不相同。总体来说,快速车道出入口可分为直接相连立交匝道和通过地面辅路两种表现形式,具体表现为高架桥和地面形式。在实践应用中,通过设置立体匝道的出入口形式,也即主线高架情形,一般位于城市外围地区,直接相连地面辅路的出入口形式,其主线大多为地面或隧道形式,通常处于城市繁华地区。如图 3-11、图 3-12 所示。

在路权分配角度,高架桥匝道形式的出入口方式比较明确,而地面形式的出入口形式相对模糊,对交通组织具有较高的要求,并且容易在交织区处引发交通堵塞问题。在表现形式上,两种类型的出入口差别较大,设置匝道出入口类型受其连接道路的影响较大,而设置快速路辅路的出入口类型受辅路的影响较大。

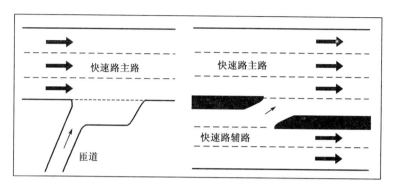

图 3-11　快速路入口类型

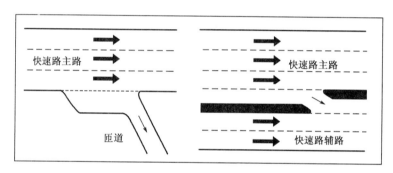

图 3-12　快速路出口类型

不同类型的出入口类型进行组合便构成了出入口构型,城市快速路出入口构型主要有以下四种形式:进口—进口型、进口—出口型、出口—进口型和出口—出口型。各种不同形式的出入口构型具有不同的交通流组织特性。

新泽西收费高速公路可能是成功将入口管理引入管控车道管理的最好例子(图 3-13)。即使是回到 20 世纪 40 年代,当"超级高速公路"正被设计时,工程师们创立了速度为 70～75mph

图 3-13　新泽西收费高速公路入口管理标志

(mile/h,1mph=1.609km/h)的标准,决定该设施将有入口控制设施并且广泛应用交互设施。新泽西高速公路主要提供长距离出行服务。相反,另一个案例研究更偏向于早晚高峰的上下班出行需求。当 QuickRide HOV 车道和 I-15 HOV 车道转化为 HOT 车道时,由于本身就与普通车道隔离开来,故入口控制就已经就位了。

## 3.3 管控车道交通控制设施设计

### 3.3.1 标志的颜色及标记

MUTCD(Manual on Uniform Traffic Control Devices)使用不同颜色的标志帮助驾驶员快速分辨信息。现行 MUTCD 中 1A.12 章节指出:

通用的颜色有 13 种,可用来快速分辨所传递的交通控制信息的类别,如下所示:
①黑色——管理、规定、条例。
②蓝色——道路用户的使用指导、行驶信息以及疏散路线。
③褐色——休闲文化区指导。
④珊瑚红——暂无信息。
⑤荧光粉——事故处理。
⑥荧光黄——行人警告、自行车警告、运动场警告、校车或学校警告。
⑦绿色——指示允许的移动、指示方向。
⑧淡蓝色——暂无信息。
⑨橙色——临时交通管制。
⑩紫色——暂无信息。
⑪红色——停止或禁止。
⑫白色——管理、规定、条例。
⑬黄色——警告。

如果 MUTCD 对管控车道无指导细节,可使用适用于仅优惠车道或限制车道的章节,如自行车、HOV、公交车、轻轨或出租车车道。2B.26 章节中给出了仅优惠车道的规定标志。这些标志包括运营时间、乘员数要求和允许车辆类型等信息,格式为白底黑字。该章的另一些标志如"前方有 HOV 车道"和"HOV 车道终点"等也为白底黑字。某些机构在管控车道的标志上方使用独特的标记或标语,以彰显特性。如图 3-14 所示为由休斯敦地铁运输局管理的一个 HOV 车道上的标志。

公路机构更倾向在收费道路的交通控制设施上使用独特的标记、标语或颜色。从技术上讲,收费道路也应遵守 MUTCD 的要求,因为 MUTCD 适用于所有向公众开放的道路。但收费道路的运营者总能找到方法在道路上留下自己的独特印记。虽然交通工程协会认为

图 3-14 休斯敦 HOV 车道的顶部有全宽独特标记的指导标志

这种印记使交通标志变成了广告牌,但一致且独特的标记或颜色的使用确实可以帮助驾驶员快速导航。其利弊仍是有待探索的领域。

对于黄色系列标志,新 MUTCD 包含了使用辅助标牌的选项,即用黄底黑色的形式标注单词"HOV"(W16-11)。这个选项也允许在辅助标牌上使用钻石标记代替字母"HOV",也允许在标牌上增加文字"仅"或"车道"。

对于绿色系列标志,MUTCD 中章节 2E.59 表明指导标志为绿底白字。这些指导标志也包括在黑底上用白线绘制的钻石标记,或在所有标志的左上角或顶部标明是 HOV 车道。

### 3.3.2 菱形符号

根据美国 MUTCD 手册,所有的 HOV 车道使用菱形符号表示,根据手册规定,当仅有菱形符号或者"HOV",不带其他文字说明时,符号应集中在标志的上方;如果"HOV"有对应的文字时,符号应放在文字的左侧。这项规定同样适用于管理和指示标志。如果符号位于标志上方,菱形符号应放置在左上方,但是道路终点标志中的菱形符号应该放在整个标志的左侧。这项规定同样适用于管理和指示标志。

由于这是 MUTCD 中新提出的规定,所以目前各地的管控车道标志设计存在较大差异。图 3-15 中是加利福利亚州的三个标志,其中菱形符号就位于不同的地方。虽然这些标志的设计与手册中的规定不完全一致,但是这些菱形符号的位置和尺寸的差异在 MUTCD 手册中都有举例。

图 3-15　加利福尼亚州使用的菱形图标

具体到我国情况而言,由于无锡已采用特定的 HOV 车道标识,该标志清晰明确,建议其他地区修建 HOV 车道时采用一致的标志,以免误导驾驶员或造成信息超负荷。对于 HOV 车道符号,建议统一采纳一种图案代替(如菱形),避免在标志牌上出现冗长的文字说明,干扰驾驶员获取其他必要信息。

### 3.3.3 共乘符号

新的手册中使用文字来表示共乘人数的需求，很多现有的设施采用了不同的表示符号，大多使用了车辆轮廓内增加数字的图形符号，还有一类使用出租车的轮廓的标志也在管控车道上使用过。图 3-16 是休斯敦区的 HOV 车道上的共乘数量要求标志。地铁人员报告显示这种符号是基于其他设施的符号创造出来的。

华盛顿州和得克萨斯州使用了一种带有符号的数字来表示乘员数量。根据 1988 年得克萨斯州交通研究所的研究结论，使用车辆轮廓符号会让驾驶员产生误解，需要有文字信息来表示乘员需求。休斯敦地区的 HOV 车道设施目前使用的是结合文字和符号的标志，这已经成为主要的设计方案。在达拉斯地区，即使符号表示方案已经成为 HOV 车道设施的第一选择，但仍有部分设施采用文本来表示成员数。俄亥俄州的 MUTCD 采纳了联邦 MUTCD 的经验，使用"2 个或以上乘员"的文字或者"2 +"的字符，这种方式同样适用于明尼苏达州和佐治亚州。

图 3-16 休斯敦 HOV 车道标志

在未来的 10 年，全国将逐渐使用手册中的新规定，而旧的标志仍然可以保留。

在西雅图，华盛顿 DOT 对仅使用菱形符号和使用车辆轮廓内标数字的符号的标志进行了对比测试，结果是，使用汽车轮廓标志并没有减少车道上的违规数量，但是在做现场采访时，发现这种方式在标志的检测、识别和用户接受度上都是具有优越性的。该研究建议，如果要在标志上使用车辆符号，应该使用汽车的正视图符号。目前华盛敦 DOT 使用类似于休斯敦地铁标志的符号来表示所需乘员数，如图 3-17 所示。在纽约的长岛高速公路上，使用的是文字信息，如"每辆车载 2 个以上乘员"，如图 3-18 所示。

图 3-17 华盛敦州的 HOV 车道标志

图 3-18 长岛高速公路 HOV 车道标志

在英国利兹的 A647 公路采用的是 2 个车辆正视图轮廓内设置"2 +"字符的方式，在多伦多的安大略湖则结合菱形标志使用这种车辆轮廓符号，如图 3-19 所示，他们采用这种符号的原因之一是安大略湖的标志需要同时提供英语和法语,而"仅用于小车共乘"文字标志在双语需求的地区无法起到作用,因此他们使用菱形符号取代"仅限 HOV"文字。

考虑到我国 HOV 车道并未普及,大众对该型车道的使用习惯尚未养成,共乘符号本身也有一定的复杂性,建议今后在具体设计时遵循清晰从简的原则,推荐采用车辆正视轮廓内设置数字,下设文字说明的形式,可以在左上角添加 HOV 车道符号,进一步强调管控车道的特殊性。

### 3.3.4 动态信息屏

动态信息屏(DMSs)是显示交通警示、施工进展和其他实时信息的一种重要设施。管控车道可沿用信息建设和信息状态的现行方针。如果动态信息屏仅用于管控车道,公路机构可能还需在信息屏上方设置静态标志牌以识别可用车道。

如果通过多阶段 DMSs 传递的运营时刻表或基于车辆类型和乘员数的动态收费制度较复杂,则易出现信息超载。应使用其他通信方法如高速公路广播或订阅邮件传递信息。

通常 DMSs 和固定的管控车道标志联合使用。MUTCD 中关于管控车道的唯一标准是当针对仅优惠车道使用 DMSs 时,DMSs 应有适应此处道路设施和车速的标志尺寸、字母高度和图例格式。公路机构也可在 DMSs 上使用钻石标记或 HOV 缩写。

通常沿管控车道布置大型头顶悬挂式 DMSs。这些显示屏动态显示交通条件、事故通知、通行时间和收费标准等信息。随着更新的电子技术发展,屏幕上还能显示整高的钻石标记,模拟头顶管理标志的设计。如图 3-20 所示为加利福尼亚 SR91 公路上的一块类似标志。

图 3-19　安大略湖 HOV 标志

图 3-20　头顶动态信息显示屏

图 3-21　收费车道标志

### 3.3.5 收费车道标志

对于收费车道标志,由于我国没有成熟可利用的范本,专题组结合国外的既有案例和国内的设计经验原创了一种收费车道标志。该标志应在收费车道前设置,版面可参考图 3-21 设置。对于在规定时间段收费,在规定时间段以外不收费的车道,应在收费车道标志以下增加辅助标志,提示收费时间段。

### 3.3.6 运营时间

所有的 HOV 设施至少应该在入口前发布一次车道开放时间和开放日。休斯敦的 I-10 公路和美国 290 所要求的乘员数不同,但是使用了"所有其他时段"的标语,这个标语含义也可以指车道关闭的时间,因此会造成驾驶员的误解。唯一传达车道关闭信息的是关闭的入口和拦起来的锥筒,但是驾驶员只能在快到入口的时候才可以看得见。对于一直运营的设施,不需要发布开放时段和日期的信息,对于在特定时段利用路肩或者普通快速车道的设施,则需要发布非高峰时段所有车辆均可以使用的信息,这种运营方式最常见的应用就是道路外侧的公交专用道。这些设施通常都在路面或标志上标有相应时段"公交专用"的标语。在维吉尼亚州北部,如果道路内侧车道作为 HOV 车道,那么右路肩就会供所有车辆行驶,而路肩一侧将会设置标志,以白底黑字的方式在道路上方显示"路肩"的标识。

目前,该处使用动态标志来发布"路肩"的信息。另外有些路肩处使用"右车道"的标志,值得注意的是,使用"右车道"来表示路肩会使驾驶员理解错误,尤其是出现"路肩"的标志以后。然而,目前还没有研究证明这种潜在的信息误解的存在。

考虑到运营时间控制形式在我国应用较多的是在公交专用道上,可以借鉴国内成熟的应用案例进行设置。比较多的是设置早高峰、晚高峰为公交专用道运行时间,此时交通量大,公共交通负载高,开通公交专用车道可以有效提高道路的通行水平,减少拥堵。同时需要提及的是,运营时间作为一种 HOV 车道信息,也需要表现在管控车道标志上,建议放置在共乘信息下,用数字说明。

### 3.3.7 车道名称

对很多的管控车道设施,尤其是收费的设施,项目的名称也适用于设施的宣传材料。这些名称通常来源于电子收费系统。例如圣地亚哥的 I-15 公路的"快线通"(Fas Trak),明尼阿波利斯 I-394 公路的"快速车道"(FAST Lane),丹佛市的"快速收费"(EXPress Toll),以及休斯敦的"Katy Tolllanes"。在圣地亚哥的 I-15 公路的 HOT 设施上,交通标志的信息表明该设施面向拥有"FasTrak"设备的共乘小汽车开放。显然,这种标志有利于驾驶员区分管控车道和普通车道,也有利于促进宣传和执法,并且作为一种图形标记有助于驾驶员理解收费设施系统。但是,随着电子收费的软、硬件交互操作性的增加,这种统一的特定名称可能最终导致不熟悉当地术语的驾驶员无法理解,而事实上他们也有强烈的使用该车道设施的需求。实际上所有的项目名称都是相似的,这可能进一步导致驾驶员理解上的混淆。

在收费广场的标志上使用收费器的商标名称非常普遍。在美国东北部,EZ Pass 系统可以在 7 个州的 15 个收费设施上通用,在收费网站,EZ Pass 的标志一般会显示在相应车道的上方,这些设施也都拥有现金支付的功能,如图 3-22 所示,管控车道的未来方向是只是用电子收费,这些车道很可能会

图 3-22　I-15 公路 HOT 车道标志

被驾驶员称为"EZ Pass 车道"。标志的设置应该权衡统一跨州和地区的"俚语"的需求。

研究者发现，驾驶员使用管控车道时仍然认为他们是位于与普通车道相同名称的路线上。例如，在 I-10 大道上施划一个缓冲隔离的车道时，驾驶员认为它位于 I-10 公路上而不是位于收费车道。这意味着管控车道的标志上应该支持这种先入为主的观念使用原道路的路名，也为管控车道入口处的标志设计提供了要求。

早期的研究表明，很多驾驶员不明白 HOV 车道的含义。近期研究发现，通过最近 20~30 年的使用，大部分驾驶员根据他们常规的驾驶经验理解这个词。在 1984 年一个弗吉尼亚州的调查中，事实上所有人知道 HOV 的含义，但仍然要问怎样找到它。大部分的调查者更喜欢"共乘"这个词，在该研究中，26.5% 的人评论说 HOV 的限制对游客、外地驾驶员来说是个问题，并建议对他们的违规行车豁免或者只是予以警告。

应用到国内，由于管控车道有时会牵扯到收费的问题，所以车道的名称需要与普通道路区分开来让驾驶员清楚地认识到在使用管控车道或收费车道。这需要媒体舆论、交警部门与教育部门协作，将管控车道概念宣传到位。具体到印有车道名称的交通控制设施上，应简明扼要，辅以文字说明，在道路的各出入口设置为好。

### 3.3.8 入口

TxDOT 和新的 MUTCD 手册规定在普通车道进入管控车道入口的三角端处设置"出口"标志。MUTCD 更要求出口标志应该加上 HOV 的缩写或者菱形图标。同时，公交和出租车专用车道不得在出口标志上使用菱形图标。对于护栏隔离的设施，出口方向标志是指定的；手册中的图显示了菱形图标应放在出口指示标志的左上角。然而，这个建议与大多数参与研究的人的建议相反，他们建议使用"进入 HOV 车道"的标志来表示进入管控车道设施而不是驶出普通车道设施。相应的，从管控车道进入普通车道的标志使用"出口"用语。预告出口和出口指示标志使用盾形路名图标，"出口"作为这种护栏隔离车道之间转换的标志。由于出口标志提醒驾驶员换道口正在接近，因此需要一个合流区，而"出口"字眼和相同路线名称在标志上使用是表达相反意思的。使用缓冲区隔离的设施不需要合流区和变换车道，只用设置"管控车道结束"的标志就行了。

车道合流标志位于道路左侧的中央分隔处，以提醒管控车道内的驾驶员们需要向右换道，但是合流标志是否应该使用 HOV 的小版面在手册中没有明确规定。

考虑到国内交通情况较复杂，专题组建议在今后国内设计管控车道入口标志时，标注清晰"管控车道起点"，辅以共乘标志或 HOV 符号；在出口时标志牌标明"管控车道终点，进入普通车道"，不附加其他符号，这样比较符合中国人的认知习惯，避免产生标志误读。

### 3.3.9 准入车辆

对优先车道的管制预告标志，在手册中有规定的格式。本节声明 HOV 车道标志应该发布车辆准入的最低要求。HOV 车道的乘员数要求应该写在 HOV 缩写或者菱形图标后面，如图 3-23、图 3-24 所示。

除了 HOV 车道，还有公交专用车道、出租车专用车道以及其他类型车辆专用车道等。有些车道设施用"摩托车"的标志用语明确指出允许摩托车使用管控车道。在英国,摩托车也通常允许使用公交专用车道。如图3-25所示是允许车辆使用地面管控车道的标志,公交车图标使用的是侧视图。

指示标志格式:
上部:可应用车道
中部:准入条件
下部:可应用时段及日期

图3-23　路侧共乘需求标志

指示标志格式:
上部:可应用车道
下部:可应用时段及日期

图3-24　车道上方的共乘需求标志

很多管控车道设施允许单乘员的低排放的节能型车辆使用,引出相应低排放车辆的图标,但是在手册上采纳的方式是全拼词汇。随着这类车辆的逐渐普遍使用,可能会有专用的缩写或者图标来用于交通标志。在20世纪70年代HOV车道使用初期,也是使用的全程"HIGH OCCUPANCY VEHICLE"连同缩写一起来推广HOV缩写的含义,如图3-26所示,是当时弗吉尼亚州的一个标志。

图3-25　英国HOV车道标志　　　　图3-26　弗吉尼亚HOV车道标志

管理者希望管控车道可以限制一些特种车辆,交通管理标志是在管控车道入口处发布这类信息。早期的研究鼓励标志上的允许车辆信息分开表述,如图3-27所示为休斯敦限制载货汽车和拖车的标志。同时,早期的 TTI 研究建议限制车型标志应放在准入车型标志之前,并建议使用文字表示,在每个被限制车型名称之前加上"不准",不要使用图形表示,建议限制车型的标志文字不要超过 4 行。

与限制车型形成对照,有些管控车道设施根据车型分别设置车道,其标志也相应引导车辆使用适用车道而不是限制其使用。例如新泽西的收费高速公路设有客车专用车道,在入口处使用绿色的指示标志引导客车进入相应车道,如图 3-28 所示。

图 3-27　休斯敦管控车道标志

图 3-28　新泽西收费公路标志

1999 年,马塞诸塞州公路管理处的一项研究对 HOV 车道的入口标志进行了调查,研究中利用驾驶模拟器对 20 个大学生进行了测试,评估他们看见标志以后决策时间,包括判断自己是否符合使用条件、判断是否使用 HOV 车道的时间。研究发现,交替使用的标志可以缩短决策时间,准入车成员数标志和车道开放时段标志的交替使用减少了单个标志的信息量,这些标志使用的全宽黑色横标结合白色菱形图标和"共乘车道"文字,现用的标志也是使用黑色背景和白色菱形图标,外加白色文字。

管控车道准入车辆的信息标识包含几个层面的内容:①乘坐率准入标准,具体已经在共乘标志中介绍过;②允许/禁止特定车辆进入的信息,应用于公交专用道、BRT、货车专用道中,这一类标志建议单独列举,不与其他信息混淆,经研究单独列举的方式更易让驾驶员接受;③混合动力等低排放汽车,对这一类车辆,由于国内没有具体的衡量指标,也没有相应的执法监督手段,很难作为一种标准应用于管控车道上,未来这一型车辆要纳入管控车道体系中还需要更多的研究与探索。

另外,由于管控车道在国内属于新兴事物,广大驾驶员对这个概念的熟悉度普遍不高,不建议在管控车道的标志标牌中加入过多的如电话、网址等复杂的信息,也不建议沿途设置广告牌,造成信息过载。

### 3.3.10　补充信息

有些运营者希望在他们的管控车道设施上宣传共乘和电子收费的使用。手册中对于交通控制设施上出现的电话号码和网址均有新的标准:除了以下规定,网址不应该出现在任何标志、补充标志、标志板(包括特定服务标志的 logo 板)或者可变信息板上。

除非另作说明,并且除了以下情况,超过 4 位数的电话号码不应该出现在任何标志、补充标志、标志板(包括特定服务标志的 logo 板)或者可变信息板上。

互联网址或超过4位数的电话号码在以下情况可以出现在标志、标志板(包括特定服务标志的logo板)或者可变信息板上:仅为行人、非机动车、停靠车辆或道路上的低速车辆(从工程上判断驾驶员可以安全停车来阅读信息的车辆)提供信息的标志。

在国家和地方道路运营者可能想推广某种特殊信息标语的情况下,同时道路有条件为用户提供额外的管理、警示或指示信息。

这些禁令旨在减少驾驶员的信息负荷并缩短记忆周期,允许在低速环境下发布电话及网址信息,提供了出入口或者停车环境里更多的信息展示量。尽管有这样的禁令,但是很多运营者依然在指示标志或者收费广场处发布电话或者网址信息。如图3-29所示。

图3-29 收费广场标志

开拓性的标志引导机动车驾驶员从干道驶入管控车道设施,是道路诱导系统的重要组成部分。

## 3.4 国内交通控制设施设计

目前,国内管控车道的研究尚处于起步阶段,相关交通安全设施的设计准则也还不完善。结合我国经济和交通发展现状,多乘客专用车道(HOV)、公交专用车道具有更成熟的国内应用条件。目前,国内已经有多个城市设置有公交车道,但因相应设施简单,保障路权措施不足,存在许多问题;目前,多乘客专用车道在国内仅有少数城市在尝试实施。由于管控车道在我国处于起步阶段,相关的管理设施规范非常少,仅《道路标志标线规范》(GB 5678.2—2009)对潮汐车道、公交专用道、快速公交车道(BRT)、多乘客专用车道(HOV)的标志或标线作出了简单说明。

### 3.4.1 交通标志

与美国联邦交通控制设施指南(MUTCD)类似,《道路标志标线规范》(GB 5678.2—2009)对标志的颜色做了相关规定,与管控车道相关的标志多为警告标志、指路标志。警告标志使用黄底黑字;城市指路标志使用蓝底白字,高速公路指示标志使用绿底白字;辅助标志使用白底黑字。目前,国内管控车道的研究仍在城市道路范围内。

(1) 警告标志

用以警告车辆驾驶员注意前方为潮汐车道。应设在潮汐车道路段起点前适当位置。示例见图3-30、图3-31。潮汐车道设置位置、行驶方向变换时间等,应提前向社会告知,并辅以辅助标志对变换时间进行说明,辅助标志的设置见下条介绍。

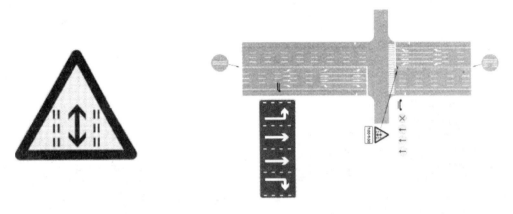

图3-30　注意潮汐车道　　　　　　　　　图3-31　潮汐车道标志

(2) 管控车道指示标志

用以告示前方道路或者车道为管控车道,供指定车辆通行,不准其他车辆及行人进入。

① 公交线路专用车道标志。

公交线路专用车道标志表示该车道专供本线路行驶的公交车辆行驶,设在进入该车道的起点及各交叉口入口前适当位置。版面上箭头正对车道,箭头方向向下,标志无法正对车道时,可以不标注箭头。有时间规定时,应以辅助标志表示。如图3-32所示。

该标志与公交专用车道标线配合使用。公交专用车道施画了标线,在起始点、大型路口及其他易引起误判的地方应设置该标志,其他小路口可酌情减少设置。

② 快速公交系统(BRT)专用车道标志。

快速公交系统专用车道标志表示该车道专供 BRT 车辆行驶,设在进入该车道的起点及个交叉口入口前适当位置,有时间规定时,应以辅助标志表示。如图3-33所示。

图3-32　公交线路专用车道标志　　　　　图3-33　快速公交专用车道标志

本标志应与公交专用车道标线配合使用。

③多乘员车辆专用车道标志。

多乘员车辆专用车道标志表示该车道只供多乘员的车辆行驶,设在进入该车道的起点及各交叉口入口前适当位置。有人数规定时,可以在标志右上角表示;有时间、车型规定时,应以辅助标志表示。如图 3-34 所示。

图 3-34　多乘员车辆专用车道标志

本标识应与多乘员车辆专用车道标线配合使用。

HOV 专用车道的设置、允许使用 HOV 专用车道的多乘员车辆的定义,需提前向社会告知。

(3)辅助标志

辅助标志如图 3-35 所示。

图 3-35　辅助标志

(4)应用现状

目前,我国的管控车道主要为公交专用车道和 HOV 车道,公交专用车道使用较多,但 HOV 车道仅台湾、无锡少数城市在使用,我国 HOV 车道和公交专用车道标志的使用如图 3-36～图 3-38 所示。

### 3.4.2　交通标线

(1)公交专用车道线

公交专用车道线由黄色虚线和白色文字组成,表示除公交车外,其他车辆及行人不得进入该车道。

图 3-36　深圳 HOV 车道标志牌

图 3-37　台湾 HOV 车道标志牌

图 3-38　公交专用车道国内应用

黄色虚线的线段长和间隔均为400cm,线宽为20cm或25cm。标写的文字为:公交专用或BRT专用。如该车道为分时专用车道,可在文字下加标公交专用时间。

公交专用车道线从起点开始施画,每经过一个交叉口重复出现一次字符。如交叉口间距较长,也可在中间适当地点增加施画字符。

公交专用车道与非机动车道临近设置且无机非隔离时,应配合设置机非分道线,如图3-39所示(图中箭头仅表示车流行驶方向)。

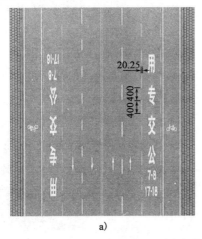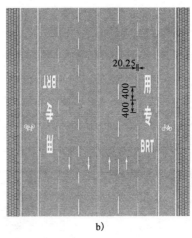

图3-39 公交专用车道线(尺寸单位:cm)

公交专用车道线应与公交车道标志配合设置。

(2)多乘员车连专用车道线

多乘员车连专用车道线由白色虚线及白色文字组成,表示该车行道为多个乘车人的多乘员车辆专用的车道,未载乘客或乘员数未达到规定的车辆不得入内行驶。白色虚线的线段长度和间隔均为400cm,线宽为20cm或25cm。标写的文字为:多乘员专用。如该车道为分时专用车道,可在文字下加标专用的时间,如图3-40所示(图中箭头仅表示车流行驶方向)。多乘员车辆专用车道线应与多乘员车辆专用车道标志配合设置。

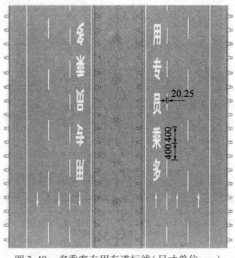

图3-40 多乘客专用车道标线(尺寸单位:cm)

（3）应用现状

在中国，公交专用车道在各大城市早已投入使用，多乘客专用车道（HOV）在中国香港、台湾均有使用，内陆地区近期江苏无锡市出现首条HOV车道，广东深圳市也正在研究准备尝试，管控车道的标线实际使用案例如图3-41、图3-42所示。

图3-41　多乘客专用车道（HOV）道路标线

图3-42　公交专用车道道路标线

## 3.5 展　　望

控制手段与策略是决定管控车道性质的关键因素,由于中国与发达国家的国情不同,交通控制手段不应照搬,而应是针对中国道路交通的特点,管控车道的控制主要是对交通流的诱导划分手段,其对象是使用管控车道设施的用户。

目前,国内对公交专用车道的控制方法大多是划分专用车道供公交车使用(或者在高峰时段公交车专用),多采用黄色实线,结合路面文字标线来与普通车道区分,用交通处罚的方式来保证其专用路权。由于公交车路线固定,停靠站点固定,因此采用的控制策略相对简单些,而高乘载专用车道这类管控车道,它的控制手段会更加灵活复杂,目前国内这类车道还是起步阶段,控制手段的选取可以参考国外的成功经验,但是控制策略需要根据使用城市地区的具体情况制定。

# 第4章 管控车道绩效检测与监控通信管理

## 4.1 概 述

管控车道的使用效果评测可通过对运营期间的检测和分析来实现,建立管控车道绩效检测与评价系统,有利于对管控车道使用后期的运营策略进行调整和优化。而要对管控车道进行精准的绩效检测评价,就需要依靠管控车道的监控通信系统。本章节主要介绍美国管控车道运营检测和评价经验,包括运营监测指标、数据信息、评价分析以及管控车道的监控通信系统管理。

## 4.2 管控车道绩效评测

### 4.2.1 运营监测指标

管控车道道路性能监测可被分为输入监测、输出监测以及结果监测。输入监测是对资源对项目的贡献程度;输出监测是对项目设施建设的应用;结果监测是对实施目标的影响程度。例如以增加道路通行能力而言,输入监测包含了对设施耗材等项目的检测,输出监测集中在车道的扩充效果,而结果监测可能包括减少出行者的道路行车延误,其最终目标均是道路通行能力。这三种类型中应首要考虑结果监测,因为它直接反映了实施目标的效果,但同时结果监测也相对难以界定与衡量。在决定采取对何种类型的监测时,是否能够完成相关的数据收集工作,是作为决策制定的主要依据。

在20世纪80年代至90年代,交通拥堵问题成为美国交通管理部门的主要监测目标。美国在早期提出的关于拥堵的道路监测内容主要体现在以下三个方面:

①交通流运行特征,其中包括运行车速、出行延误、出行时间等。
②道路通行能力,需测量实际交通流量与道路容量的比值。
③自由流特性,需限定自由流运行车辆的比例和时间。

(1)德克萨斯州

道路运行性能监测已经成为基于绩效监测与评价的规划方法的一部分,其监测指标与交通规划过程中的各类目标相关联,但是道路性能监测指标越多有可能越混乱,并且对规划和实施造成影响。德克萨斯州交通管理部门对道路运行绩效监测指标进行了总结,如表4-1所示,其指标涵盖了道路出行的机动性、可达性、安全性,以及道路的建设、运营与管理对经济发展、生活质量、环境质量的影响等方面。

(2)美国联邦公路管理局(FWHA)

美国联邦公路局建立了道路机动性监测程序,对交通运输的机动性与可靠性指标进行监测,即机动性用于反映出行的难易程度,可靠性用于反映出行的便捷性。根据历年来对机动

性与可靠性的监测状况,制定了如下机动性监测指标:

①出行时间指数:在高峰时间段内出行的消耗时间与自由流行驶条件下所花时间的比值,其主要表明了高峰期间的拥堵程度。

道路绩效监测指标　　　　　　　　　　　表4-1

| 监　测　目　标 | 指　　　　标 |
| --- | --- |
| 机动性 | (1)起讫点出行次数;<br>(2)平均行车速度与出行时间;<br>(3)拥堵延误时间;<br>(4)服务水平;<br>(5)人均车辆行驶里程;<br>(6)人均出行时间 |
| 可达性 | (1)起点至目的地的平均出行时间;<br>(2)平均出行距离;<br>(3)单位长度的道路使用率;<br>(4)限定高度下的桥梁数量 |
| 安全性 | (1)事故发生率;<br>(2)与道路建设相关的事故率;<br>(3)事故高发地点次数;<br>(4)事故风险指数;<br>(5)道路使用者对安全性的感知;<br>(6)路面优良百分比 |
| 经济发展 | (1)事故经济损失;<br>(2)时间延误经济损失 |
| 生活影响 | (1)拥堵延误时间;<br>(2)车均(人均)出行里程的事故率;<br>(3)交通污染;<br>(4)市民对安全与城市质量水平的感知;<br>(5)平均出行时间;<br>(6)受噪声干扰的人口比例 |
| 环境资源消耗 | (1)空气质量;<br>(2)事故造成的废弃物;<br>(3)道路出行燃料消耗 |
| 运营效率 | (1)交通运输系统服务成本;<br>(2)成本—效益水平;<br>(3)起讫点出行次数;<br>(4)顾客满意度;<br>(5)单位货物单位出行距离成本;<br>(6)服务水平 |
| 系统维护 | (1)道路剩余使用寿命;<br>(2)维护成本;<br>(3)路面粗糙指标 |

②拥堵出行的比率:拥堵的出行时间与总估算时间的比值,用于量化拥堵程度的系统监测指标。通常以自由流状态下的行驶速度作为判定拥堵状态的标准,当路段在某段时间内的行车速度低于自由流行驶速度时,则被界定为拥堵路段。

③延误时间:主要来自于道路使用者的经验反馈,将机动性能的影响标准化,较其他指标有更高的要求,其主要用于减少总的出行延误。

针对出行可靠性的测评指标主要有如下三方面:

①缓冲指数:根据相关研究表明95%的出行需要消耗额外的"缓冲"时间,出行车可以用缓冲指数与其平均出行时间相乘,继而将缓冲时间加入行程时间中。用该种方法体现的出行可靠性优点在于其价值百分比不倾向于时间与距离的界定。

②变异百分比:也称为变异系数,用于衡量平均出行条件的变化状况。采用变异百分比与平均出行时间相乘,将结果加入平均出行时间中。其数值越大,则可靠性越低。

③糟糕指数:超过路段平均出行时间的比例,用于量化拥堵路段出行造成的延误时间。

(3)美国公路合作研究组织(NCHRP)

通过对道路运营管理的绩效监测结果分析,确定了70多项监测指标。同时对众多指标进行了原则划分评分,其衡量原则主要包含如下方面:

①清晰性与简洁性(对交通状况描述的清晰和量化程度)。

②描述性与预测能力(描述现有道路交通状况,找寻问题及预测变化)。

③分析能力(利用实测数据能够进行技术评估道路性能)。

④精确度(分析精度是否符合规划与运营管理分析的要求)。

⑤灵活性(适用于多种规模与场景)。

通过对上述原则的分析,对各项指标进行评定分值,确定了如表4-2所示的各项检测指标。

**NCHRP 推荐绩效监测指标** 表4-2

| 监 测 目 标 | 指 标 |
| --- | --- |
| 出行数量(用户角度) | (1)人·mile 出行里程;<br>(2)货车·mile 出行里程;<br>(3)车辆行驶里程;<br>(4)出行车辆数(包含各类车型) |
| 出行质量(用户角度) | (1)人·mile 平均速度;<br>(2)门对门平均出行时间;<br>(3)出行时间可预测性;<br>(4)出行时间可靠性;<br>(5)平均延误;<br>(6)服务水平 |
| 交通系统(管理部门角度) | (1)严重拥堵百分比(服务水平达到 E 或 F);<br>(2)行车密度;<br>(3)服务水平;<br>(4)排队长度(频率与长度);<br>(5)理想行车速度范围内行车里程百分比;<br>(6)车辆承载率(人/车) |
| 安全性 | 事故率与事故类型 |

续上表

| 监测目标 | 指　　标 |
|---|---|
| 事故 | (1)事故引发的行车延误；<br>(2)事故清理时间 |
| 组织性能 | (1)各类型反应时间；<br>(2)收费水平；<br>(3)路面状况；<br>(4)ITS设备运营百分比 |

### 4.2.2　数据信息

在进行道路运行监测过程中，指标的选择与数据的收集有着直接的关系。只有当数据来源具备可靠性与一致性，且能够满足决策者的需求时，才会选用相应指标进行衡量。在美国管控车道数据搜集过程中，遇到的问题普遍体现在资料的获取与数据的准确性上，在数据准确性很低的情况下，监测分析的结果亦不准确，继而对道路的运营与管理政策的实施造成影响。

美国联邦公路管理局定义了一个名为"绩效监测计划"的概念，用于量化道路运行水平的机制，对于协调与分配资源以及控制测评的质量是非常必要的。其监测计划主要包含如下内容：

①需要收集的数据。
②数据收集进程表。
③数据收集地点。
④数据分析技术与方案。
⑤数据库管理需求。
⑥道路运行水平分析结果。

(1)加利福尼亚州PeMS系统

加利福尼亚州交通管理部门及加利福尼亚大学的研究学者共同建立了道路运行监测系统——PeMS系统，该系统收集了很多加利福尼亚地区的交通运行数据，例如洛杉矶、奥兰治县、萨克拉门托等地区。通过对信息的收集与汇总，随后对监测数据进行如下处理：

①将30s内的交通流量与承载率转变成为每车道5min内的承载量。
②计算各监测线圈的$g$，据此推算每车道行车速度。加利福尼亚州大部分检测器多为单线圈，仅收集交通流量与承载率数据。PeMS系统适用于评估每个时间周期内检测线圈的$g$因子。
③将各车道的交通流量、承载率以及行车速度进行综合分析，以确定在检测器位置处的交通运行状况。
④计算相应的道路运行指标：拥堵延误、车辆行驶里程、出行时间等。
⑤可通过账户密码在网上获取道路交通信息。

PeMS系统网站中包含了对出行时间的估计以及最短路径的选取信息，道路使用者能够根据出行选取相应的线路，为出行提供方便。同时，该系统能够对出行时间进行预测，即以某时刻某地点为起点，能够计算某段时间后能够到达何处。其出行时间的预测算法需结合历史与实时数据的综合作用。

(2)华盛顿州

华盛顿州交通运输部于1981年便开始对道路运行数据进行收集与存档,在实施初期因数据存档成本与传输问题(互联网应用前)方面产生了不良效果。通过多年来信息技术的发展与交通体制的改革,多数地区数据存档工作已在华盛顿州交通运输部制度化。西雅图地区公路检测系统对道路每20s间隔期内的道路运行数据进行了收集,例如交通流量、方向承载率等。通过将数据转变成为行车速度与出行时间估计等信息,继而归纳为5min内的数据档案。

华盛顿州交通运输部与华盛顿州运输中心(TRAC)为西雅图公路开发了基于CD光盘的数据档案,用于分发存档运营数据。TRAC通过对数据的分析建立了相应的数据分析程序,将独立收集的公交车辆与小汽车承载率数据进行整合,以确定出行交通量。其数据的应用为解决运营评估的改善问题、匝道管理等方面提供了依据。

### 4.2.3 道路运行分析

通过对道路运行状况的分析,需将数据转变成为容易被大众所理解与接受的方式,继而帮助道路使用者和管理人员了解道路的运行性能以及发展趋势。例如华盛顿州交通运输中心将存档数据绘制成各种图表,以反映交通拥堵状况,作为决策者与运营管理者发现问题和解决问题的手段。

如图4-1所示为交通拥堵状况与行车速度与交通流量的影响图示,平均行车速度采用彩色图线予以标示,表示一天时间段内的交通运行速度变化状况。因每天行车速度变化并不相同,可通过界定"拥堵"状态(达到F级服务水平)和交通拥堵的发生频率来测评道路的可靠性。如图中所示,左纵轴线表示为"交通流量",右纵轴线表示为"拥堵频率",该地区每周超过80%的时间发生拥堵,且在早高峰时间段因拥堵原因,造成交通流量下降。

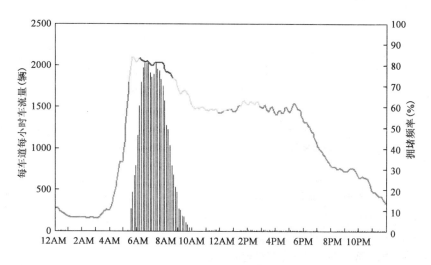

图4-1 拥堵频率、流量与速度图示

另一种表示交通拥堵状况的形式为轮廓图,将每天的通道平均轮廓标示出来,描述在指定的行车方向中,各个地点的车道占有率的百分比。如图4-2所示轮廓图显示,不同颜色的区域代表不同的道路拥堵水平。

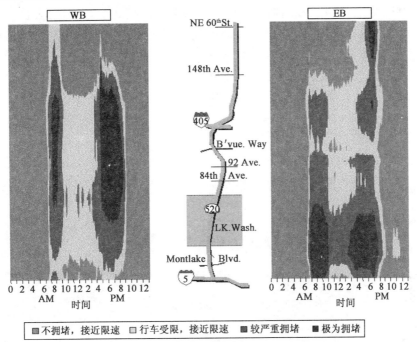

图 4-2 拥堵频率、流量与速度图示

轮廓图不仅能够描述当天的出行信息，亦能够示意全年的出行信息。如图 4-3 所示描述了全天的出行状况。

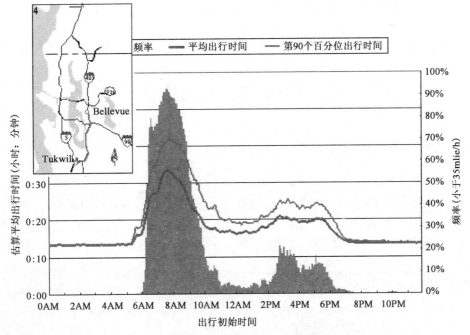

图 4-3 拟定路线全天出行时间

如图 4-3 所示为特定路线上的实际出行时间,其中绿色线条表示指定时刻出行的平均出行时间,红色线条表示 90% 的出行时间。该图对"拥挤频率"进行了表征,其拥挤状态的界定采取出行平均速度低于 35mile/h,图中蓝色区域频率分布表示了驾驶员在整个出行时间分布中,平均速度在 35mile/h 以下的频率。

华盛顿州交通运输部在美国西雅图 SR520 公路的匝道控制已有多年,其主要在下午进行管道控制措施,当匝道控制措施改至上午后,高速公路性能得到了有效的改善,如图 4-4 所示。之前的道路上午运行期间服务水平达到 F 级,实施上午控制后有效地减缓了拥堵状况,同时对于增加道路通行能力具有重要作用。

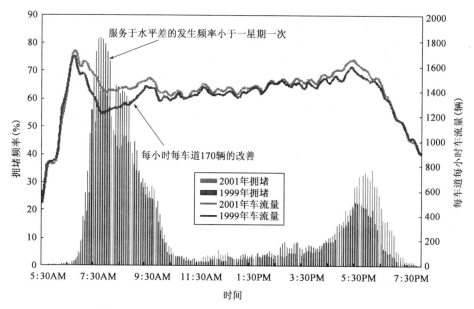

图 4-4　匝道控制对交通流量与拥堵频率的影响

## 4.3　管控车道监控通信管理

### 4.3.1　管控车道监控通信管理的含义

(1)管控车道监控通信管理的分类

管控车道的监控通信管理从功能上说,包括通信系统、监控系统及收费系统。

通信系统包括干线通信(微波、光纤等)、移动通信、程控交换、紧急和指令电话等系统设备。完成的主要任务是:根据规定的技术要求确保全系统数据、命令、图像及语音信息的及时性和准确性。

监控系统包括数据采集(主干线和匝道)、中心控制、情报显示、电视监视等系统设备。主要完成实时采集、记录和显示交通流数据、事故信息、天气信息。并据此判断各路段的交通状况,发布交通控制信息,对全线交通状况进行控制和调度。

收费系统包括出、入口检测和收费控制等系统设备。实现的主要功能为:收费口交通量统计和车辆分型,按标准收取通行费并发放收据,汇总、整理收费的有关数据和交通流数据,传送到上一级计算机和监控中心进行处理,并根据监控中心发布的命令,对出入管控车道的车辆进行控制和调节。

(2)监控通信管理的概念

监控通信管理是上述三大系统的综合运用,它包括从系统规划、研究、设计、制造、安装、调试、使用维修、改造、更新直至报废的全过程,也就是三大系统生命周期的管理。因此,三大系统管理一般概念为:以三大系统生命周期为出发点,使系统的人力、物力、财力、信息和资源等的功效,通过计划、组织、指挥、协调和控制的管理功能,最有效地发挥出来? 以达到系统寿命周期费用最经济、综合效率最高的目标。

### 4.3.2 管控车道通信系统的管理

(1)通信系统管理的要求

①程序化。根据通信工作的自身特点,结合管控车道后台工作对通信管理工作的要求,编制工作流程图。这种流程图应明确工作顺序、各环节的具体工作内容、与相关业务部门的联系。这也是划分职责范围的基础。

②标准化。对实际工作重复出现的活动,根据要求和经验,制成标准的工作程序和办法,并以制度的形式固定下来。对于人员职责范围的规定,切忌模糊化,应有质和量的概念,以便考核。

③数据完整化。包括数据的完整性和真实性。对各种有用的原始资源、数据要系统地加以收集、整理、归纳及存储,以便将来调用。

④管理计算机化。通信管理工作应与计算机应用有机地结合起来,使我们的工作走向合理、高效、优化、科学的轨道。

⑤接受经济规律和技术条件的约束。

(2)通信系统管理的主体内容

①确定工作计划。为了保证通信管理工作有条不紊地进行,各种管理活动都应有相应的计划安排。主要包括:

a. 设备维护保养计划。

b. 设备检测维修计划。

c. 设备更新与系统改造计划。

d. 人员培训与学习计划。

e. 物资和仪器购置、调用计划。

f. 经费预算、申报、使用额度安排。

②加强技能培训。系统的运行离不开人的参与。有了人的存在,就有着技术熟练程度的问题,因此必须重视培养和管理一支合格的通信队伍。

a. 先期介入。选派具有较强工作责任心和工作能力的人员参与通信系统的方案设计、设备选则、工程实施、工程验收等全过程,使之能够全面了解各项环节、设备安装与调试技术等,为系统运行后的维护奠定良好基础。

b. "走出去"。根据工作情况和条件许可,分批分期地把技术人员提前送到设备生产厂家进行专项培训。技术人员不仅要了解设备生产过程、制造工艺,更应全面掌握设备工作原理、常见故障及故障排除等。

c."请进来"。聘请有通信维护管理经验的专家,结合本系统的特点进行针对性的技术讲座。

d.话务员的基础训练。重视通信值班员的岗前培训和考核,使他们成为训练有素的通信工作者。可以采取多种形式的讲座和学习班,向他们讲解通信知识、职业道德、安全注意事项,并根据职业特点,侧重吸收女性担当通信值班员。

e.机务人员的实际锻炼。设备在运行过程中难免会出现各种故障,这正是通信管理工作者进行自我检验与锻炼的好机会,应鼓励专业技术人员多动脑筋,自己动手解决实际问题。

f.进行技术革新探索。在系统运行一段时间后,如认为系统存在比较明显的缺陷,在能力所及时,应积极组织技术人员探讨改进的可行性、具体方案、实施程序、评价标准,并认真组织实施。

g.加强横向交流。应有计划、有步骤地安排技术人员进行业务学习、交流、培训。

③工作制度的研究和制定。一套完善的、行之有效的规章制度是规范通信工作者行为的依据和准则,是强化管理职能必不可少的重要步骤。完善的工作制度是根据实际需要并在实践中不断探索、不断补充、不断修正得来的,这些规章制度大体包括:

a.通信科(室)、所(站)的管理权限和职责范围。

b.通信负责人、通信工程师和通信技术人员的各自岗位责任。

c.通信值班人员守则。

d.通信机房管理制度。

e.通信设施管理细则。

f.安全管理措施。

g.奖励与处罚规定。

④设备管理。设备管理是指对通信主体设备、辅助设施的管理,其目的在于让有限的通信资源发挥最大作用。

a.设备的使用。使用和保养知识的宣传是设备管理工作的首要任务。错误的或不当的使用将影响通信成功率,疏于保养则会缩短设备的使用寿命。应根据系统设计合理配置设备数量和使用级别控制,开发利用现役设备所具有的各种功能,提高设备利用率。一个明显的例子是:对于用户话机,人们通常仅使用分机直接拨分机功能,其他功能如分机代接分机、分机代接局线、打扰的设定与解除、定时呼叫的设定与解除却极少用。

b.设备的维护。对设备的维护分预防性维护和修正性维护。预防性维护侧重于日常巡视、日常保养和检查,具有一定的规律性和重复性,主要内容有:硬件维护、软件维护、电源维护、功能维护、指标测试、单机指标测试、系统统测。

c.设备的更新与系统改造。设备需要更新,通常有两种情况:一种是设备将近或超过服役年限,如继续使用,其维修费用过大,因而失去使用价值;另一种是设备属于淘汰范畴,不能满足现行通信需求。进行设备更新时,应做好旧设备的报损手续工作和新设备的可行性调研。

系统改造有两种方式:其一,对现有设备进行革新、改进;其二,增加新设备。

⑤通信器材、工具与仪表管理。存储一定数量的备用器材是保障通信系统正常运转的必

要措施之一,但库存量不宜过大,存储的种类也要力求合理。目前许多通信产品基本上采用模块化结构,而且在系统设计时已经考虑到备份问题,因此应以存储关键性、非通用性的模块件为主。

通信测试仪表的配备以适用为原则,如话路仪、误码仪、无线综合测试仪等仪表,一个通信系统配置一套即可。

通信设备的备用器材、工具和测试仪表的管理是一项繁杂的工作,保管人员应具有一定的专业知识和高度的工作责任心,对所管理的物品要分门别类地登记入账、存放整齐、出入清楚、财物相符,务必做到无丢失、无损坏、无锈蚀。要切实做好存放库房的防火、防盗、防潮、防腐措施。

通信维护人员在使用通信测试仪表时,要爱护公共财物,正确使用,安全操作。

⑥无线电频率管理。无线电频率是一种宝贵的资源。专用网所占用的无线频点都是经当地无线电管理部门批准并缴纳过无线电管理费用的,因而是合法占用者和有偿使用者。但由于无线通信的广泛使用,空中电波十分拥挤,往往容易发生与其他无线通信网相互干扰及网外用户的非法盗用现象。因此,必要时应加强无线通信的监听监测工作,摸清干扰的性质和来源,采取措施避免干扰,防止网外用户盗用。

⑦技术资料管理。从事通信管理与维护工作,离不开一套完整的系统技术资料。资料残缺不全或杂乱无章,必将使管理工作处于被动状态。技术资料管理工作主要从下述方面考虑:资料的收集、资料的整理、资料的保存与借阅。

(3)设备维护内容与建议

通信维护是通信管理的最重要内容。通信系统的设备构成较为复杂,各种设备的具体维护内容和要求不尽相同,这就给维护工作带来了一定的难度。但只要我们遵循客观规律,注重维护工作的科学性,认真地做好维护工作中的每一个环节,通信畅通就有保证。

①业务交换系统维护。

日常维护:值班人员对交换机机柜(箱、架)、话务台及打印设备进行清洁保养;技术人员或机务人员通过维护终端或其他监视监测装置对设备的工作状况进行直观观察、故障跟踪定位,更换有故障的整件,保证设备的工作条件得到满足,即工作电压稳定、机房湿度适宜、通风良好、无强电磁干扰、接地系统可靠。

周期性维护:主机与话务台、维护终端、配线架及配线架与分线箱之间的馈线或电缆接续可靠程度的检查;供电状况,特别是备用蓄电池(组)充电情况的检查,检查话务总台各操作键有无接触不良现象;抽测接续功能,如局内呼叫、入局或出局呼叫、用户新业务功能、非话间业务接续等;检查信号音与铃流是否正常,有无串音、噪声。

维护建议:不要频繁开机、关机;杜绝粗暴拔插机内整件;尽量避免带电作业;对设备中的一些重要组件不提倡自行维修,应以更新备用的整件为主,特别是软件故障,则更为复杂,通常将故障组件送往厂家维修。

②微波中继传输系统维护。

日常维护:室内高频部分或中低频机架的清洁保养;各监视仪表或指示灯的正常与否。

周期性维护:主备信道自动切换检查;各接插件和微波信道机与终端设备之间连接电缆的牢靠程度;室内电源及有源站电源的检查;设备告警功能检查。

季节性维护:室外复合电缆是否有破损;室外部分的防雨防潮和防锈措施是否完好;铁塔上的避雷设施及天线固件是否可靠,特别是夏季雷电频繁期和冬季雨雪到来之前更应该做好这项工作;微波通信传输的一些指标,如中频频率、电平储备、误码指标等,在测试条件允许时,应每季度测试一次,并做好测试记录。

维护建议:对微波设备中的高频器件,原则上不自行调整和维修;对通信铁塔上的设备进行维护时,一定要做好安全防护措施,切忌粗心大意;不轻易调整收发天线的方位和俯仰角。

③光纤传输系统维护。

对于光纤通信传输系统的维护工作,主要是借助系统本身的监视监测报警系统或微机监控终端来完成。一旦系统出现故障或者有故障隐患,可通过现象分析、判断、定位,然后更换机盘。

日常维护工作的另一项内容是保证设备工作条件的稳定可靠以及设备的报警功能、人工或自动切换功能、公务联络功能的检查。

必要时,可对一个或数个中继段进行误码观察,分析系统的传输性能。

④PCM 终端设备维护。

日常维护:设备的清洁保养;电缆接续可靠性检查;电源检查;基群设备自检。

周期性维护:基群设备活路特性测试;数字接口波形观察;主时钟频率测试;对于二次群以上的系统,应测试系统误码指标。

⑤无线通信网络维护。

日常维护:系统呼叫通信检查;基台载波功率;基站天线驻波比;设备各功能键是否接触良好;设备电源、移动手持机、车载电台的一般性检修。

年维护:天线检查;避雷系统检查;在测试条件具备时,就对天线电压驻波比、电台载波功率、发信载频偏差、调制灵敏度、音频失真度、最大频偏、接收灵敏度、音频响应及双工器和编解码器的相关指标进行检测和调整。

⑥应急电话与通信电缆维护。

室内接收控制设备的日常检查:接收显示是否准确;声光报警是否正确;通信效果是否良好;录音、放音及其他各功能是否灵敏可靠。

室外话机及通信电缆的日常维护:电缆绝缘性能检查;电缆标志、标桩、入孔和分线箱的巡视;沿线各通信设施所有活动金属部件的防锈蚀处理;电缆充气设备工作状况的检查;对通信电缆威胁极大的虫、鼠的观察和预防。

### 4.3.3 监控系统的管理

(1)目的

目前,无论监控系统的建设还是管理都还处于探索阶段,特别是系统的管理,国内尚未见到完整的范例,而国外的经验又不完全符合我国的实际情况。然而,监控系统的管理确实是管控车道管理部门不可回避的现实问题。

监控系统的管理头绪很多,但目的就是要发挥现有设备的作用,完成设计的任务,在此基础上改进和提高系统的功能。

要改进和提高系统的功能,必须首先吃透原设计的指导思想,找到技术手段上的薄弱环节,再根据系统运行的实际情况进行改进和提高。

要达到这些目的,还必须做好系统的人员管理工作。

(2)任务

①系统的日常维护。由于监控系统的设备通常在线运行,因此做好系统设备的日常维护是保证系统正常运行的重要措施。设备的日常维护包括以下工作:

a.保持控制中心良好的工作环境:监控设备特别是计算机系统工程均为电子设备,故设备的防磁就成了系统日常维护的首要工作。应当知道清洁、卫生的环境不仅是为了好看,而是系统日常维护的重要内容。

b.定期保养设备:外购设备的定型产品按照设备制造厂家规定的时间、方式进行保养,如计算机、电视摄像机等;专用研制设备和其他外购设备根据使用经验进行保养。

c.定期检告、测试设备的运行状况:这是防患于未然的重要措施。优秀的管理人员不会等到设备出现故障才发现问题,而是平时经常检查,防微杜渐,发现隐患立即消除。

d.技术资料管理:保存完好的系统设计图和施工图,当发生故障时便于查询。值得注意的是,当系统在调试期间或在实际运行时某些部分如有所变动,应及时在图纸中注明。

e.建立设备档案:要分类建立设备档案,随时知道有哪些设备在线运行;哪些设备有备份及有多少;哪些设备正在修复或报损。

f.做好设备维修记录:每次维修设备都要做好维修记录,详细说明所出现问题的外在表现、技术人员的分析判断以及最后的维修处理结果。这样,既解决了问题,又提高了技术人员分析问题和解决问题的能力,同时还为今后解决相同或相似的问题提供了依据。

g.做好外场设备的保护:由于外场设备本身所处的环境比较恶劣,再加上容易受到人为的破坏,因此,必须经常上路检查,并尽可能设置一些必要的保护措施。如电视摄像机镜头要求非常严格,而温差变化可能引起水气遮挡镜头,所以要做好密封;可变情报板和可变限速板玻璃外罩易受人为碰撞,可考虑用其他替代品。

②系统的故障维修。对于大的故障,不主张自己维修。可与设计单位和设备生产厂家及时联系,保修范围内的按有关合同规定执行。由于上述单位对设备性能的了解、故障的判别以及相关测试、维修器械等方面均优于管理部门,因此即使超出保修期,仍然可以与他们合作。但是,管理部门的技术人员不能袖手旁观,应该积极参与维修工作,利用这些机会向别人学习;同时,对一般性设备故障和时间要求比较紧迫的故障应该及时修复。

③系统的人员管理。这里所说的人员管理不是人事管理,而是系统工作人员,包括技术人员和操作人员的业务管理以及与之相关的各项规章制度。监控系统运行的好坏,不仅与系统设备有关,同时,与系统工作人员的素质也有很大的关系。因此,造就一支过硬的技术队伍就成了系统管理工作中的当务之急。

a.设置专门机构,配备专人负责监控系统的维护与管理。要充分发挥监控系统的作用,就必须建立一支专门的队伍设置专门的机构,使一批懂机电、计算机、自动化的专业技术人员来充实管理人员队伍,并配备专门的技术人员来负责监控系统的管理与维护。

b.管理部门要尽早介入系统。监控系统涉及的技术面很广,一般技术人员具备的专业知识往往不能满足系统管理的需要,这就要求管理部门的技术人员尽早介入系统,特别要注意利用设备的安装调试和系统运行时期多多学习。

c.建立健全岗位责任制,严明各项规章制度。健全的制度是系统运转良好的基本保证,必须建立完善的制度、规定,用以规范系统技术人员和操作人员的工作行为。

d.技术人员要钻研业务,遇到问题尽量自己解决。技术人员平时要钻研业务,多看多练多动脑,遇到问题,自己能解决的尽量自己解决,自己不懂的就要不耻下问。必要时可以把技术人员送往相关的大专院校、科研部门以及设备生产厂家进行业务培训。

e.培训操作人员,逐步培养他们发现问题和解决问题的能力。对操作人员不能完全同技术人员一样要求,但这不意味着操作人员不参与业务工作。要对操作人员进行岗前培训,使他们懂得监控系统的基本知识和基本技能,在此基础上培养他们发现问题、判断问题及解决问题的能力。

### 4.3.4 收费系统的管理

先进的设备必须和有效的科学管理结合起来,才能发挥巨大的效益。在半自动收费系统管理模式中,系统设备运行的好坏,直接影响收费管理工作,尤其在重建设轻管理思想严重的情况下更需要加强收费系统的运行管理。

(1)设计中应注意的问题

系统设计时一定要有系统概念,配合系统运行时的管理需要,做好前期工作。收费系统实施时应以收费站车道为基础,重点保证收费站计算机与收费车道的正常工作。作为交通管理系统考虑,与上级计算机的可靠通信也不容忽视。收费标准中车辆分型过于复杂时,应考虑采用人工分型,不必追求大而全,最后导致系统运行的必要条件不能具备。收费员使用的设备结构设计要合理、实用,供收费员操作的按键应尽可能简单、可靠;供技术人员检查用的按键应采用接口形式或内藏式,不应探露在外面。外场的系统设备安装基础、线细的走线管道在建设期间应注意预留。

(2)设备管理

设备是整个系统的物质基础,不应忽视这部分的管理。设备应分类存放,做到随时存取,准确无误。设备管理包括:

①按设备种类登记造册。
②设备(含备份件)的情况记录。
③由专人负责设备管理。
④相应的设备管理规章制度。
⑤加强线缆的保护。

(3)人员管理

人员管理包括技术人员管理和收费人员管理。

①技术人员管理。

在工程开始实施时,应选派一些具有较强工作责任心和工作能力、热爱本职工作的专业技术人员,参与系统的方案设计、设备研制、安装、调试和工程验收。这些技术人员就是系统运行后管理中的主要技术力量。

技术人员管理关键要分工明确,任务到人,各司其职,各负其责。在分工时有交叉部分的内容更要明确、具体,不能分工不清,最后无人负责任。在处理问题时要做到奖惩分明。

②收费人员管理。

收费员上岗前,应对其进行岗前培训和考核,使他们成为训练有素的收费人员。对收费人员的培训包括:职业道德、设备操作方法、安全注意事项、出现故障时的应急处理、一套切实可行的奖惩措施和规章制度。

(4)维护、维修管理

设备在使用中出现故障是难免的,为了保证系统的可靠运行,维护、维修管理应是重中之重。

维护、维修管理包括:设备的日常维护、维修,故障时的应急处理维修,维护、维修情况的详细记录,相应的设备维护、维修管理规章制度。

## 4.4 我国管控车道监控通信管理的发展趋势及对策

为进一步提高现有交通设施的通行能力,改善服务水平,我国以现代信息技术为支撑的交通监控通信系统正在不断发展。从发展趋势上看,管控车道智能化、信息化、系统化无疑是管控车道监控通信管理未来的发展方向。

### 4.4.1 智能化

随着经济与技术的发展,尽管在全球的许多地方仍将建设更多的基础设施,但它已不是解决交通运输紧张的唯一办法,面对越来越拥挤的交通、有限的资源和财力以及环境的压力,建设更多的基础设施将受到限制。智能运输系统——ITS(Intelligent Transport System)就是在这种背景下产生的。ITS是现代高新技术在交通领域的综合与集成,它强调智能化的人、车、路的协调统一,主要采用人工智能(Artificial Intelligent)、智能控制(Intelligent Control)、知识工程(Knowledge-Based Engineering)、信息技术(Information Technology)等高新技术,建立起一种在大范围内、全方位发挥作用的实时、准确、高效的运输综合管理系统,以期提高运输效率、保障安全和保护环境。

ITS是近年才在国际上统一名称的。以前,在ITS发展处于领先水平的美国、欧盟、日本,其叫法都不一样,都有自己的一个特定的发展过程。美国ITS的雏形始于20世纪60年代末期的电子路径导向系统(ERGS),之后在美国政府和国会的介入下,成立了相应的ITS领导和协调机构,并制定了提高陆上运输效率法案(ISTEA),从此美国ITS研究、开发进入了系统的、有序的、全面的发展阶段。美国为确保其占有未来的ITS国际市场,投入了大量人力、物力来推进ITS的发展。欧盟对于ITS的研究、开发也不甘示弱,尤其是20世纪80年代后期,他们进行了一系列该项目的联合研究与开发。1986年进行的欧洲市郊安全交通系统计划(PROMETHEUS)是欧洲民间联合运行ITS开发的开端。之后,政府也相继介入,又进行了一系列更大的项目联合研究。1995年的PROMOTE是继PROMETHEUS之后进行的新的项目,但与以往不同的是,该项目包括交通方式。1996年2月底,欧盟事务总局十三局第一次公布了T-TAP征集的具体项目,其中涉及两种交通方式的有4个,涉及多种交通方式的5个,显然,欧盟对有关综合运输的ITS项目已逐步开始重视了。日本的ITS的发展始于20世纪70年代,从1973年开始,日本成功地组织了一个名为动态路径诱导系统的试验。之后,政府、产业界、学术界对

ITS 进行了一系列的研究、开发,并进入实用阶段。作为新的阶段,1996 年 7 月,由 5 个政府部门共同发布了《面向高度信息通讯社会推进的基本方针》和《公路、交通、车辆领域的信息化实施指针》,统称"ITS 总体构想",开始面向 ITS 采取综合的、有体系的对策,并投入巨资用于 ITS 的研究、开发与应用。除上述国家外,一些新兴的工业国家和发展中国家也已经开始 ITS 的研究和开发。从效能模式的角度看,各国已认识到 ITS 应从单一的道路交通研究向综合交通的方向发展,但目前各国主要集中于城市交通和管控车道的研究,对于综合交通少有涉及,仅欧盟有少量研究。

自 20 世纪 70 年代以来,我国从国外引进、消化了一些项目,并进行了一些 ITS 或类似 ITS 基础项目的研究、应用,在系统开发应用方面,取得了一些实际成果,在局部地区形成了 ITS 的雏形或实现了 ITS 的部分功能。ITS 的发展也日益得到国家相关部门的重视。1991 年中国国家技术监督局将 ISO/IC204 在中国的归口部门定为原交通部,正式批准成立 ISO/IC204 中国委员会,该委员会把推进 ITS 标准化作为主要任务。1998 年 1 月原交通部正式批准成立交通智能运输系统工程研究中心(ITSC)。2000 年,为了解决我国交通运输科技多头管理、工作交叉的问题,由科技部牵头的全同智能运输系统协调指导小组宣告成立。

### 4.4.2 信息化

信息化的概念源于 20 世纪 60 年代的日本,是从产业结构改进的角度提出来的,它是指社会经济的发展从以物质与能量为经济结构的重心(如工业时代),向以信息为经济结构的重心(如信息时代)转变的渐进过程。在这一过程中,不断地采用现代信息技术装备国民经济各部门和社会各领域,从而极大地提高社会生产力。信息化对应的是社会整体及各个领域信息获取、处理、传递、存储、利用的能力和水平。当今世界,人类正以前所未有的速度迈入信息化社会,信息科学技术的革命成为现代科学技术革命的核心和主流,信息产业的发展水平成为衡量一个国家发展水平的核心和主流,信息产业的发展水平已成为衡量一个国家发展水平和综合国力的重要尺度,信息化程度也成为一个国家现代化水平的重要标志。

管控车道交通信息化是先进的信息技术在管控车道交通中的应用,它以强大的通信网和各种信息服务设备为基础,并集丰富的软件系统、应用工具和多种功能于一体,为公路交通部门提供信息资源收集、传输、处理、存储和分析等技术和管理服务,实现管控车道交通信息系统与其他信息系统之间的交互,从而达到管控车道交通信息资源在公路交通部门和整个社会范围内的共享。它包括三个层次的内容:

①利用先进的信息技术建成的,具有电话、电视、电脑等多媒体功能的,能综合传输和处理图形、声音、文字等种种可以形式化的信息于一个通信网内,覆盖整个管控车道系统的大型基础设施。

②具有丰富的管控车道信息资源,能实现"'数'出一门,资源共享"的综合基础网络设施。

③实现管控车道交通信息资源共享,不仅要在交通系统内部共享,而且要在整个社会范围内实现共享,无论何时人们均能得到管控车道交通信息系统的服务和支持,方便、快捷地相互沟通信息和利用社会信息资源。

信息化是社会经济发展到一定阶段的产物,是社会生产力发展的自然结果,作为先进的运输生产力,管控车道的信息化成为必然趋势。现代市场经济规律表明,市场供给同有支付能力的需求之间存在内在的联系并有趋于平衡的客观必然性。供给和需求是供求机制的两个方面，缺一不可。供给和需求结合在一起共同为生产者和消费者提供信号，指示方向，并通过其他市场机制一道相互作用，来实现社会资源的有效配置。为了达到提高运输效率、保障安全、保护环境等目的，社会对管控车道交通信息化提出了巨大的需求，然而，相对于需求，管控车道交通信息化供给严重滞后。因此，当前的主要任务是加强管控车道交通信息化建设。

在我国交通信息化进程中，政府应发挥主导作用。这种主导作用是通过其信息化政策对交通信息产业的作用来实现的，交通信息产业通过技术、人才和市场等要素的优化配置为交通信息化的发展提供"平台"。因此，在交通信息化建设进程中，信息产业始终是政府的信息化政策和调节的作用点。为加速我国交通信息产业，尤其是管控车道交通信息产业的发展，提出以下几点建议：

(1) 健全管理体制

交通信息产业的发展，需要将目前多头、分散、封闭和生产型的交通信息管理体制逐步变革到统一、集中、开放和经营型的通信信息一体化的管理体制。应设立交通信息化管理机构，赋予其相应的行业行政管理权限，专职交通信息产业的发展。由该机构来协调各部门之间的关系，处理解决行业封锁和地区割据问题，并推进各级交通信息管理机构的建设，根据"统筹规划，联合开发，统一标准，专通结合"的方针对交通信息产业进行全面规划；对公益性项目和经营性项目分类指导，促使其共同发展；具体落实交通信息产业政策，维护信息市场的正常秩序。

(2) 制定和完善信息产业政策、法规

为规范市场行为，营造竞争有序的信息市场，政府应加大政策法规建设力度。要尽快发展管控车道交通信息产业，单纯依靠市场机制的作用比较缓慢，为了满足快速增长的需要，政府进行某些产业政策的倾斜是必要的，但需要注意的是，产业政策是在市场机制的基础上政府对经济干预的手段，实施向信息产业的政策倾斜，并不意味着政府要直接介入资源分配或对经济活动发布行政指令，而应利用价格、税收、信贷和投资等经济杠杆发挥产业政策的调节作用，为信息产业的发展创造一个公平合理的竞争平台，通过指导性的发展现划，为信息产业发展提供远景目标和发展方针，依靠财政、金融和法律手段引导自主经营的企业克服短期的利益驱动，求得长远发展，将产业政策的目标转化为经济活动和企业行为的内在机制。根据我国的情况，目前应抓紧制定和完善以下几方面的法律：

①信息资源法，规定政府、商用、公益三种不同信息资源的开发利用与管理，实现我国信息资源的有效配置和合理使用。

②信息产业法，规定信息设备制造业和信息服务业的发展和管理规则，充分发挥法律的政策导向功能。

③信息流通法，对信息商品的价格、质量、信息交易的规则以及从业人员的行为规范等做出明确规定。

④信息产权法，正确处理信息生产者、传播者和信息用户之间的权益关系，以保证我国信息产业不断健康、稳步地向前发展。

(3) 加强人才队伍的培养建设

信息产业是智力高度密集型产业，因此，发展管控车道交通信息产业人才是关键，必须采取有效措施,加强人才培养,这在当前是一项十分紧迫而又长期艰巨的任务。应在"科教兴交"的方针指导下,走培养与引进人才相结合的路子,造就大规模的信息人才队伍。注意培养管控车道交通信息产业的技术和管理人才,加强现有人员的继续教育,根据需要及可能,积极创造条件,采取多种形式,如举办信息业务培训班、计算机知识普训班、信息管理短训班等,提高工作人员的业务水平和工作能力。积极引进外来人才,建立和健全激励机制,对为管控车道信息化做出贡献的人才予以物质上和精神上的奖励,为他们创造一个良好的环境,使广大职工勇于创新、乐于创新。

## 4.5 展　　望

管控车道的绩效检测与评价,是为了对最初制定的管控车道策略进行评估与优化,是一种后评价,需要有大量的交通数据分析。目前国内在这方面的工作主要集中在交通规划、交通影响分析等领域,所考虑的评估参数与具体车道的评估参数不同,前者考虑的是经济、社会、交通增长等宏观因素,而一条具体的管控车道,其评估的角度是用户的使用情况和对路网交通的影响,因此,若管控车道要适应我国的国情,除了制定适应我国特点的管控策略,还需要建立一套绩效检测评估系统,可以借鉴国外的评估参数和方法,以及国外的评估指标类型,同时需要搜集运营期的交通数据,经过分析与评价,对管控策略进行相应调整,摸索出真正适合自己的车道控制手段。

# 第5章 管控车道运营

## 5.1 概 述

运营,简单地说就是运用与经营。管控车道的运营,指的是在管控车道建成竣工之后的使用期间,为了充分发挥管控车道的功能,使其最有效率地为社会提供服务所进行的一系列活动。管控车道是一种有别于普通车道的道路设施的管理运营方式,运用方式是管控车道的主要特点。本章首先介绍管控车道的运营模式与理念,以及道路运营的基本理论,其后借鉴美国等发达国家的研究经验,介绍管控车道的主要运营策略、收费管理的费率标准、管控车道执法与处罚等主要运营相关经验成果,并详细介绍了几个美国管控车道成功的案例。

## 5.2 管控车道运营模式与理念

### 5.2.1 管控车道运营管理的主要职能

管控车道管理职能是指管理主体在管控车道管理活动中承担的职责和功能。运营管理所涉及的主要活动内容有路政管理、养护管理、交通安全管理、收费管理、信息监控管理和服务管理六个方面。在每个管理活动的全过程,又可分为决策、计划、组织、协调和控制五个基本职能,这些基本职能体现在交通安全、路政、养护、收费、停息监控和服务的具体管理活动之中。

(1)路政管理

根据国家制度的有关法律法规,维护管控车道财产安全和路权不受侵犯。这包括对违章利用、侵占、污染、毁坏管控车道及其附属设施的行为进行查处;对公民、法人和其他组织占用、利用公路及超限运输等事宜进行审批与管理;对施工养护作业现场秩序进行维护,恶劣天气条件下的交通管制,故障车辆的牵引拖带,事故现场的救援清障和管控车道环境保护等。

(2)养护管理

根据管控车道养护标准和作业规范,尽可能采用新技术、新工艺,对管控车道及其附属设施进行经常性保养维护,对突发性因素造成的损坏进行及时修复,对影响交通的路障进行及时清理。总之,以最经济的方式保证管控车道经常处于完好状态,确保管控车道的畅通。

(3)交通安全管理

根据国家制定的有关法律法规,为了维护管控车道交通秩序,保障交通安全和行车畅通,对在管控车道上行驶的道路使用者的行为所进行的约束和管理的活动。主要包括交通事故处理、维护交通秩序、合理引导组织交通流、实施道路清障和救援服务等,也包括对违章驾驶员的宣传教育、违章处罚等。

(4)收费管理

根据国家有关规定,对管控车道使用者收取通行费工作的管理,主要包括合理布设收费站点、制定合理费率,对收费设备、收费人员及财务进行管理,实施收费稽查,杜绝营私舞弊,采用科学高效先进的收费方式,提高服务质量。最终实现收取足额的通行费,以保证管控车道建设资金的偿还及管好运营时支出的各种费用。

(5)信息和监控管理

通过现代化的电子设备对管控车道的运行状况随时进行监视与控制,完成信息的收集、传输及处理,以指导行驶车辆对管控车道的最佳使用。

信息管理是使用有线的和无线的传输设施,对管控车道上一切有关的信息实现无盲区的即时即地的顺畅传输,形成高真实、高效率、高水平的信息网络。

监控管理通过对数据采集与设备的监测,并将各种信息和控制命令及时地反馈给管控车道行驶车辆和用户。引导道路使用者遵守、熟悉和适应管控车道上的行车环境,最终达到减少事故、安全畅通的目的。

(6)服务管理

依托管控车道为使用者提供餐饮、休息、加油、维修、通信、停车、洗车及医疗救助等服务活动的管理。另外,也包括对依托管控车道资产的综合利用与开发,而展开的土地开发、房地产开发、广告经营等活动所进行的管理活动。上述管理活动,尤其是提供各种服务,集中在管控车道服务区,因此也称为服务区管理。其目的是向使用者提供热情、舒适、方便、周到的各种服务。

### 5.2.2 管控车道经营管理理论

由于管控车道的收费管理、养护管理、信息监控管理、服务管理等项内容都不属于政府部门的行政管理,本手册将它们全部归入经营管理的范畴。在国际上,管控车道的这些管理理论并没有成熟可参考的范本,故可参照一些我国一般道路经营管理的既有规定,在此基础上进行总结和归纳如下:

(1)管控车道的养护方针、工作原则的技术经济政策

在交通部制定的《公路科学养护与规范化管理纲要》(1991—2000年)规定公路的养护方针是:全面规划、协调发展、加强养护、积极改善、科学管理、以法治路、保障畅通;规定的养护工作原则是:规范化管理、科学养护、全面养护、预防性养护、机械养护、防治中断交通。上述方针原则也完全适用于管控车道。

管控车道养护的技术经济政策要点归纳如下:

①管控车道养护要严格准确执行行业标准与规范,做到超前准备、同步完善、协调发展、高效养护,保证管控车道全天候安全畅通。

②依靠科技进步,采用新工艺、新方法。

③用公路养护经济责任制,建立健全与经济责任制相配套的管理制度。

④采用管控车道大修、中修、改建工程以及服务区设施项目的招投标制度和工程合同制度。

(2)收费概念

管控车道收费主要依据的理论和概念前面已有分析,例如公路的级差效益特性等,这里再

补充具体收费操作的一些相关理论:费率标准制定理论和模型;收费制式理论,例如均一式收费系统、开放式收费系统、封闭式收费系统及混合式收费系统等。这些问题在本手册后面章节有专门论述,这里就不再展开了。

(3)管控车道信息、监控概念

管控车道系统内部通信专用网络,是为确保系统内部话音、数据、图像信息的准确、及时传输而设置的;而监控系统是利用电子技术和计算机系统,对道路安全、交通状况等进行监视和控制,及时反映和处理突发问题,实现管控车道使用的安全、高速、舒适和方便的目的。

管控车道的管理运营在国际上并没有形成统一的模式。各国的管控车道现行的运营模式都是在一般公路管理模式的基础上,结合管控车道特点和本地实际情况,兼容一般公路管理中可行的、科学的成分,逐步摸索建立的。具体到我国的管控车道项目,也应本着"统一、协调、高效"的原则,结合本地道路管理运营经验,来建立管控车道运营新模式。除了运营模式,普通车道和管控车道在运营理念上的差别更大。普通车道为使用者提供最基本的通行服务,在此基础上无其他附加服务。而管控车道则主要用于保障某特定使用人群的利益与优先级,本质上希望向使用者提供更优质的通行服务。由于两者的运营理念不同,故管理策略也各不相同。

管控车道和其他传统车道的区别主要是在管理哲学上引入了"主动性管理"这一概念。在这一概念中,运营机构前瞻性通过调节现有设施或采用新策略来管理交通量需求和供应交通容量,以保持车道的高效运营。以下是一些"主动性管理"车道交通需求量的简单例子:

①增加收费比率,以使行车速度保持在80km/h。

②增加车辆乘坐率准入标准,使得HOV车道上的公交车能保持65km/h的车速。

③关闭一个快速路的匝道入口使得车流量能维持在每车道每小时1500辆的阈值。

管控车道是一种管理拥堵的创新办法,也是提供高移动力的选项之一。管控车道类型包括:高乘坐率车辆(HOV)、高乘坐率收费(HOT)、收费快速公路(ETL)、限载货汽车道路(TOL)和限载货汽车收费公路(TOT)。

许多研究表明,当车道上的车流量增加时,车速就会逐渐降低,直至达到一个稳定的值。此时的车流量大概在每车道每小时2000~2100辆。当超过最大容量时,车速会降低到20km/h左右,而车流量降低到每车道每小时1300辆。要将管控车道的环境控制在"自由流通"的环境下,则车道的容量需控制在最大容量之下,这样才可以保证提供给用户最优的车道状况。

在一般情况下,管控车道的车流量应控制在每车道每小时1700辆,并根据道路设施、道路状况、限速来进行微调。在管理HOV/HOT车道的交通量时,应将其限制在能确保其车道的速度优势的层级上,即便周边车道处于拥堵状况中。如果不采取这种管控方式,则管控车道也会有拥堵或丧失相较于普通车道的优势。以下两点在管控车道管理中非常重要:在发生拥堵之前就对多余的交通容量进行定量监测;充分理解在调节交通需求时所应使用的各种控制措施。

## 5.3 管控车道运营策略

保证管控车道高效性的关键就在于对管控车道进行持续性的监控与评估,继而做出必要的交通控制措施调整。管控车道主要采用的管理策略为收费调节、车型选取、乘坐率准入标准调节及运营时间。

(1) 收费调节

在最基本的层面上,公路拥堵是由于缺少一种对现有交通容量高效管理的机制。经济学家们在很久以前就已经提出直接对拥堵的代价进行估价收费是最切实可行的减少拥堵的办法。

价格模型理论表示出行者所支付的通行费用应直接与节省的时间挂钩,所以,当能够显著地节省出行时间时,通行费用提高,反之则降低。使用方程的形式应与基于不同收费等级的用户数量相关联。当收费较高时,使用该道路的用户数量期望则较高;收费较低时,用户数量期望则较低。流量模型比较了用户数量与期望节省的出行时间之间的关系。

一般来说,管控车道固定收费政策调节无论是增加收费还是减少收费,有效期均为6个月。在此基础上,非高峰时段的费率每年依据通货膨胀调节。而动态收费调节则需通过实时监控车道每小时单方向车流量来进行调控,如图5-1所示为美国SR91号高速公路的收费调节标准,具有一定的参考作用。

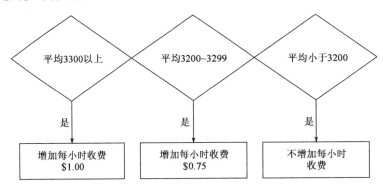

图 5-1　收费费率设置的参数

车道收费系统可能由传统的现金收费车道、复杂的ETC车道或是开放式收费道路组成。如果条件允许,收费系统应尽量保持无缝的用户界面,对车流量没有负面影响也相当重要。以上这些技术已经在实践中被验证能够提供无缝的用户界面和可靠的交易性,使之非常适合应用于HOT车道控制中。ETC和追究收费违规者的具体技术包含车辆信息自动识别(AVI)、信号发射器技术、车辆自动分类图像捕捉技术、账户数据处理和客户服务。

(2) 车型选取要求

在大量的管控车道成功的例子中,车型选取要求都是一项重要的管理交通量需求,达到预设目标的手段。车型选取要求标注也许每时每刻都在改动,也可能在道路设施的生命周期内多次随道路使用情况而变。

利用管控车道富余容量的一种办法是允许虽达不到乘坐率准入标准但较为环保的车辆使用该车道,视情况予以收费或免费。这种方式主要应用于低排放的节能车型(采用混合动力或类似能源的车型)。在特殊情况下,也可以允许达不到乘坐率标准的公共交通车辆(如暂停服务情况)免费使用管控车道。

大部分管控车道的车型选取标准倾向于使HOV车辆获得更高的道路使用权限,同时辅以收费的办法来最高效地管理车道。其他应用车型校核办法的地方通常为载货汽车专用车道、公交专用车道或载货汽车禁行车道。理论上,管控车道的车型校核标准在一天之内可以改变,比如在早晚高峰期时允许上下班车辆使用或是在其他时候允许载货汽车使用。

确立管控车道的准入车型要求是建立管理策略的第一步。车型选取要求之所以如此重要,是因为它影响着其他相关设施的设计和使用。以下是一些可能允许使用管控车道的车型:

①公交车。
②大客车或大客拼车。
③拼车或小型载货汽车。
④摩托车。
⑤贴有城市通行标签(Sticker)车辆。
⑥收费车辆。
⑦商业车辆和载货汽车。
⑧空车返回公交车。
⑨出租车。
⑩机场接送巴士和其他特殊服务车辆。
⑪紧急车辆。
⑫低排放车辆。

(3) 车辆乘坐率准入标准

如果拼车车辆被允许使用管控车道设施,则车辆乘坐率准入标准需要被考量。考量过程中需在不同准入标准的应用下分析各自的交通量需求和对交通流的影响。制定该标准的目标是将乘坐率设定在一定的标准以鼓励拼车、大篷拼车及乘坐公交的行为,同时又不制造过多的交通量造成车道拥堵。关于这些不同标准的特性及优缺点的讨论如下:

每车2个或2个以上乘客:每车2个或2个以上乘客代表了最低标准的拼车。组成一个2人的拼车比组成3人或4人要容易得多,大多数的2人拼车由家庭成员、同事或朋友组成。城市干道上会有大量现存的2人拼车,为使用该标准的管控车道提供目标人群。一方面,最初使用的2 + 标准会提供极大机会避免车道空闲;但另一方面,如果2 + 车道的车辆已经相对较多,比如占到在4车道设施中的30%,那么这一设定可能并不会提高车道的人员运载能力。一条管控车道应首先设定2 + 标准,如果该车道在此标准下过于拥堵,可以在拥堵时段将标准提升至3 + 。一个普遍的准入标准指导是:当2 + 标准下车道的流量不应超过每车道每小时1200 ~ 1500辆,如果溢出则应检验并修改标准。

每车3个或3个以上乘客:下一级别是将标准设定为3人或3人以上。在3 + 标准下的车流量将显著少于2 + 标准。要组成符合3 + 标准的车辆更加困难,所以一些潜在拼车者将无法使用3 + 标准的车道,其他人则会在已有的2 + 车辆基础上组成3 + 拼车,以减少管控车道的车流量。

每车4个或4个以上乘客:管控车道使用过的最高乘坐率标准为4个或4个以上乘客。对于大多数个人来说,要组成4人或4人以上的拼车都非常困难。在大都市地区也很可能没有足够的需求来组成4 + 拼车以支持这个选项,尤其在管控车道项目的早期阶段。预计车流量为每车道每小时400 ~ 800辆时可以考虑此选项。

每天不同时段不同标准:另一种方法是在一天内依据时间改变准入标准,这个技术手段代表了通过管理交通量需求来管理车道。比如，一个车道可能在早晚高峰时段采用3＋标准，而在其他时间段使用2＋标准。

在指定管控车道准入标准和车型选择时应尽量考虑以下因素：

①管控车道设施类型。

②设计细节或运营限制。

③路段和地区的连续性。

④现有的乘坐率水平。

⑤节省的通行时间和可靠性。

⑥拼车的形成和增长的公共交通量。

（4）运营时间

总的来说，管控车道设施的运营时间可以归纳为三类：连续24h运营、高峰时段延展运营及仅在高峰时段运营。甚至，有的设施会由于体育赛事或其他特殊活动额外增加运营时间。在设置合适的运营时间表时应考虑的因素有：项目目标，管控车道设施类型，干道的拥堵程度，系统或地区相关性，执法与安全。

①24h运营。

连续24h运营要求车道设施有独立的通过权并有同向高速和单独隔离的两方向车道等设施条件。这一设定不能用于可逆车流。

24h运营选项要求车道对可进入的车辆提供全时段的道路优先权服务。由于拥堵和紧急事故随时可能发生，则24h道路需承诺从早到晚一直特供通行时间的节省和可靠。这个选项还允许车辆在非上下班时段使用道路，这可能还会鼓励上下班高峰时段使用车道的用户。

同时，24h运营会将驾驶员的迷惑降到最低，他们不用分辨自己是否能在该时段使用车道或是否要因为在规定时间外使用该车道而收到罚单。

②高峰时段延展运营。

高峰时段的延展运营占据了管控车道中的很大比例，它们并不是全时段都开放，但会在一天中的大多数时间开放。在大多数例子中，车道延展的运营时间设定在早晨和下午。尽管具体的运营时间各不相同，但普遍使用的时间是上午6:00~11:00和下午3:00~7:00。这和主要的上下班时段，即拥堵的高发时段是吻合的。

高峰时段延展运营的设定在单独可逆管控车道，同向车道和反向车道中均可应用，这种设定可在拥堵时给用户提供相对传统车道通行时间上的节省和可靠。同时，这也可能是管控车道运营上最符合逻辑和实际的运营方式：依据各项目自身的情况来设置运营时间。

③仅在高峰时段运营。

这一方案是仅在高峰时段运营管控车道。仅高峰时段运营所定义的时间段比延展运营更少，一般为上午6:00~9:00和下午4:00~7:00，不同情况时间段会有所不同。有些地方的方案更加严格，只在早高峰的拥堵方向允许使用。

在优缺点方面，高峰时段运营的车道和延展运营车道类似。优点主要是在拥堵时段解决普通车道瓶颈效应和提供优先级通行服务；缺点是会使驾驶员混淆，执法更困难，安全保障难度更大以及需要更多的管控车道标牌。

在特殊事件或其他情况下延展运营时间，有一些车道会在经历体育赛事或其他重大事件时开放车道使用。这样做的好处是显而易见的:可改善因重大事件而影响的交通状况和分流交通量;为正常上下班的使用者提供了一条不使用拥堵车道的机会等。

## 5.4 收费标准

按照经济学原理及我国实际,管控车道属于准公共产品,与国家经济发展和人民生活密切相关,需要大量资金进行投资。

(1) 管控车道收费标准的形成机制

我国《公路法》第63条规定:"收费公路的收费标准,由收费单位提出方案,报省、自治区、直辖市人民政府交通主管部门会同同级物价行政主管部门审查批准。"《收费公路管理条例》第十五条规定:"政府还贷公路的收费标准,由省、自治区、直辖市人民政府交通主管部门会同同级价格主管部门、财政部门审核后,报本级人民政府审查批准。经营性公路的收费标准,由省、自治区、直辖市人民政府交通主管部门会同同级价格管理部门审核后,报本级人民政府审查批准。"由此可以看出,管控车道通行费标准的确定在我国应由经营单位定价,省级政府交通主管部门和物价管理部门审批通过。这种价格形成机制的理论是社会主义市场经济的必然要求,即市场形成价格及政府宏观调控有机结合,一定意义上也是由管控车道的准公共产品属性所决定的重要原因之一。

(2) 管控车道收费标准的制定方法

由于我国目前还没有成熟可用的管控车道收费定价模型,故可借鉴高速公路的定价方法。现实中根据国务院颁布的《收费公路管理条例(2004年)》第十六条规定:"我国高速公路收费标准主要根据投资中的贷款、有偿集资款总额、融资成本、偿还债务的期限、当地物价指数、收费年限以及交通流量等因素计算确定。"这种定价方法主要从成本补偿的角度出发,以管控车道的成本回收为主要目的,我国的收费还贷高速公路基本都采取这种定价方法,其定价模型如下:

$$\sum_{t=1}^{n}[P_t Q_t L - C_t](1+i)^{-t} - D = 0$$

式中:$P_t$——未来第 $t$ 年通行费费率(元/辆次);

$Q_t$——未来第 $t$ 年的交通量(辆次);

$n$——偿还贷款年限即收费年限(年);

$L$——收费里程(km);

$C_t$——未来第 $t$ 年的公路养护、管理等费用(元);

$i$——贷款年平均利率;

$D$——贷款本息之和(元)。

而我国经营性高速公路收费标准则是在此基础上考虑一定的合理回报得来的,基本定价模型如下:

$$\sum_{t=1}^{n}[f_t Q_t(1-T)L - C_t][1-T_i](1+k)^{-t} - I = 0$$

式中:$f_t$——未来第 $t$ 年通行费费率(元/辆次);

$Q_t$——未来第 $t$ 年的交通量(辆次);

$n$——特许经营年限(年);
$L$——收费里程(km);
$T$——营业税税率;
$T_i$——所得税税率;
$C_t$——未来第 $t$ 年的公路养护、管理等费用(元);
$k$——预计报酬投资率;
$I$——高速公路初始投资总成本。

(3)管控车道收费标准的调整方式

我国的收费标准在省区之内基本是统一的,但随着路网的连通、经济的发展、汽车使用量的增加、公路运营成本的变化等,会要求对收费标准进行调整。在 2013 年 5 月交通运输部出台的《收费公路管理条例》(公开征求意见稿)中,拟加入一条:"车辆通行费收费标准可根据交通流量、当地物价指数变化情况等因素适时予以调整。"根据各地经济发展状况的不同,管控车道具体的收费标准调整方式有以下几种:

(1)收费收入上限控制。设置收费收入上限能够激励经营公司提高效率、降低成本,因此被许多国家广泛引用。在政府设定的上限范围内,经营公司可以根据收费车型、经济发展情况等运用价格杠杆对收费标准进行调整,而不需要经过政府批准,这样也降低了政府的管制难度和成本。一般情况下,收费上限根据所在地区实际通货膨胀率与最初设定值的差距进行调整。

(2)收费标准上限管制。在上线范围内,企业根据经济、需求等因素的变化,运用价格杠杆调整收费标准,并尽力提高效率,降低成本,以获得最大化利润,有利于引入激励机制,而且还能够有效吸引通行车辆。

另外,由于管控车道的特殊性,要对道路的交通流量产生调节作用,也可对收费价格进行动态调节,但调节幅度应充分考虑当地经济发展、物价水平和交通状况。

## 5.5 管控车道收费管理系统

(1)人工收费管理系统

人工收费系统是指对进入管控车道网络的车辆发给通行卡以及出口处验卡收费等程序,全部由手工操作完成的收费管理系统。在收费管理过程中还可以辅以人工稽查和监督以及各种规章制度,以达到强化管理的目的。

(2)半自动收费管理系统

半自动收费管理系统是指由人工完成收费和找零工作,由计算机或人工完成车型判别,由计算机完成计算费额、打印票据、数据积累汇总等工作所形成的收费管理系统。半自动收费系统是在人工收费管理系统基础上发展来的、向全自动收费管理系统发展过程的一个阶段性产物。

(3)全自动收费管理系统

全自动收费管理系统是指利用微波技术的不停车电子收费系统,是管控车道的重要组成部分。道路两旁的信标装置通过与安装在车辆上的类似电话磁卡的装置发生数据交换,来完成对行驶车辆的收费工作。这种技术在国外的管控车道项目中应用较广,目前我国一些地区如广东省等正在积极研究和探讨全自动收费管理技术。相信在不远的将来,这种高度自动化、高效率、能杜绝目前各种不良现象的现代化收费系统将在我国公路收费管理上发挥更重要的作用。

## 5.6 管控车道管理措施的变更

管控车道管理策略的变更内容包含乘坐率准入标准限制、运营时间和对不符合标准车辆收费等。在美国应用的诸多实例中,改变管控车道管理策略的原因多种多样,但核心的原因大多是车道的使用率过低,公众希望将 HOV 车道转变回普通车道。为了维护拼车出行者的利益,同时解决管控车道使用率过低的现象,当局采用了车道收费作为增加 HOV 车道和普通车道车辆通行量的办法。对单人乘坐(驾驶员)的车辆收费是一种更加弹性的管理车流量的措施。通过在收费公路调整对单人乘坐车辆收费费率,管理机构可以吸引到足够的车辆进入车道,同时避免过度拥堵发生。收费取得的收入可用来维护、改进或扩展已有车道。

一种主要的管控车道管理方法是调整乘坐率准入标准。将乘坐率准入标准由 2 + 提高到 3 +(甚至 4 +)是一种典型的应对高峰时段拥堵的办法。有些情况中,管理机构会选择全时段升高标准,有些则只在高峰时段升高,平时仍沿用原有标准。有些例子中,也存在一开始将乘坐率准入标准设置得过于严格,车道使用率过低,再由 3 + 或 4 + 转变为 2 + 或 3 + 甚至转变回普通车道的情况。

另一种管理管控车道的方法是车型选择。近几年,越来越多的 HOV 车道倾向于允许低排放或混合动力车型使用车道而无视车内乘坐人数。运营时间也是管控车道调节的手段之一,那些不是 24h 开放的车道会根据出具体出行状况调整服务时段,以达到最优效果。

如表 5-1 所示为管控车道在面临各种情景时可采取的管理措施变更方案,以供参考。

管控车道运营实况及策略变更表　　　　　表 5-1

| 管控车道状况 | 策略变更 | 变更效果 |
| --- | --- | --- |
| 车道未充分使用 | 降低乘坐率准入标准 | 由于准入标准的降低,更多车辆由普通车道转入管控车道,从而增加管控车道的使用率 |
| | 运营时间改变 | 由于标准的降低,更多车辆由普通车道转入管控车道,从而增加管控车道的使用率 |
| | 按优先级排序,可增加以下准入车型:<br>(1)公交车;<br>(2)混合动力车;<br>(3)客车 | 由于标准的降低,更多车辆由普通车道转入管控车道,从而增加管控车道的使用率 |
| | 收费调减 | 更多车辆由普通车道转入管控车道,尤其在早晚高峰时段,SOV(单一乘员车辆)车主会为了管控车道提供的出行时间保障而付费。普通车道由于车流量分流而产生积极的影响 |
| | 将管控车道转变为普通车道 | 由于去除限制而增大了车道车流量,车道对人与车辆的运载能力降低,期望的公交出行时间也因为失去管控而得不到保障 |

续上表

| 管控车道状况 | 策略变更 | 变更效果 |
|---|---|---|
| 车道未充分使用 | 改变出入口控制 | 如果管控车道进出口控制策略能更好地满足早晚上下班高峰人群的诉求,更容易为公众所接受,会增加管控车道的使用率。出入口改变包括隔离改变(标线、缓冲带、可移动隔离)或出入口地点改变 |
| 车道过于拥堵 | 增加乘坐率准入标准 | 由于限制标准提高,管控车道中的车流量会降低并流入普通车道。如果符合标准的拼车车辆急剧减少,则有可能会给普通车道带来负面影响 |
| 车道过于拥堵 | 按优先级排序,可减少以下准入车型:<br>(1)客车;<br>(2)混合动力车;<br>(3)公交车 | 由于限制标准提高,管控车道中的车流量会降低并流入普通车道。如果管控车道准入车型急剧减少,则有可能会给普通车道带来负面影响 |
| 车道过于拥堵 | 收费调增 | 对SOV(单一乘员车辆)车主收费,或费率的提高会使管控车道中的车流量降低并流入普通车道。如果管控车道车流量急剧减少,则有可能会给普通车道带来负面影响 |
| 车道过于拥堵 | 增加管控车道或改变车道方向 | 由于增加车道和提高运载能力,管控车道的人、车通过量增加,但普通车道减少了一条,可能产生负面作用 |
| 高违章率或使用管控车道不正确 | 加强监控,强化执法 | 减少管控车道中违规车辆数量,普通车道车辆数增加 |
| 高违章率或使用管控车道不正确 | 改变出入口控制 | 更加严格的入口管控措施限制非法车辆进入车道。出入口改变包括隔离改变(标线、缓冲带、可移动隔离)或出入口地点改变 |
| 公交通行时间延误 | 收费调增 | 对部分非公交车辆收费,费率的提高会使管控车道中的车流量降低并流入普通车道,从而保障了公交通行时间和乘坐率。同时,SOV(单一乘员车辆)车主支付的收入可支撑公交运行 |
| 公交通行时间延误 | 按优先级排序,可减少以下准入车型:<br>(1)SOV车辆;<br>(2)低乘坐率车辆;<br>(3)混合动力车 | 由于限制标准提高,管控车道中的车流量会降低并流入普通车道,从而保障了公交通行时间和乘坐率 |
| 公交通行时间延误 | 增加管控车道或改变车道方向 | 由于增加车道和提高运载能力,从而保障了公交通行时间和乘坐率,但普通车道减少了一条车道,可能产生负面作用 |

## 5.7 货车专用道

### 5.7.1 货车专用道的发展

随着道路车辆的逐年上升,道路压力的逐渐增大,为了缓解交通堵塞和车辆排放污染,使用交通道路管理措施来规范交通管理、缓解交通冲突,已经渐渐发展成为一个新的交通控制研究领域。

1986 年 FHWA 通过对各个州的实际经验进行调查,认为实施货车车道行车限制最基本的原因是:

(1)改善交通运行(14 个州)。
(2)减少交通事故的发生(8 个州)。
(3)路面结构因素(7 个州)。
(4)建设施工区域的制约(5 个州)。

此后,包括美国和加拿大等国在内的许多国家已经开展了客货分流的研究。在美国阿拉巴马交通厅年的报告中就提出和对比了两种在美国城市高速公路上广泛采用的道路管理措施:包括设置高占有率车辆通道以及货车专用道。目前,美国超过十个州拥有高占有率车辆通道和货车专用道,加拿大也在陆续开展对于货车专用道的研究。

货车专用道的理念是基于货车车道的限制策略的理论和实证研究得出来的,美国实践证明在大多数情况下货车专用道的实施都是利大于弊的,但也并不是所有的高速公路都适合修建货车专用道,针对每条拟实施货车专用道的城市和城市路网进行单独评估。

在评估某条高速公路是否适宜修建货车专用道的时候,机动车平均速度提升和货车速度降低的边界值、事故率的降低程度、货车流量占总流量的百分比及对车行道的损伤影响情况都是需要考虑的因素。

美国国家货运合作研究计划(NCFRP)和美国国家高速公路合作研究计划(NCHRP)的联合报告中对运输工具分流方式——小汽车专用道的实施进行了研究,主要讨论了小汽车专用道的配置和设计关键要素,进行智能运输系统管理的部署,编译了可用的数据模型,对不同的小汽车专用道进行了模拟性能评估,评估了小汽车专用道的经济效益。David J. Forkenbrock 等在论文中讨论了货车专用道对于经济的影响,分别列举和讨论了实施货车专用道带给客货车的经济收益,并且从如何对货车及小汽车进行收费的角度对货车专用道的实施提出了方案建议。2002 年的 TRB 会议上就有学者研究了一些高速公路上限制货车的措施对交通管理的影响,提出了多种可以改善交通的限制货车方式,采用了仿真模型对不同车速、容量、密度条件下的道路情况进行了模拟。2004 年 Renatus Mussa 等在其为佛罗里达交通厅提供的报告中对 75 号州际公路上的货车限制措施进行了安全性和操作性研究评估,评估显示车辆变道数的增加导致了公路事故率增加。

2010 年的 TRB 会议上,加拿大的研究者对多伦多、安大略的近 400 条高速公路进行了单独的货车专用设施的模型分析,并且对 401 号公路进行了模拟实验,结果证明货车专用道对于降低货车行程时间具有很大作用,对于提高小客车平均速度也有一定作用。

## 5.7.2 混行道路客货车干扰研究

随着公路运输业的不断发展,我国公路,尤其是高速公路上车流量不断增加,货车比例不断攀升,由此,给我国道路运输带来了挑战:既要保持道路的通行效率,又要兼顾行车安全及舒适度,这就要求对高速公路道路的交通进行合理组织优化。

交通流中货车对客车的影响体现为三种形式:第一,与客车相比,货车的加速、减速以及爬坡能力均较差,影响了其后车辆的通行,导致后续车辆不得不换道超车,增加了换道次数,车辆冲突加剧,降低行车安全性;第二,当两辆载重货车相互超车时,由于货车本身的运行性能较差,不能很快完成超车行为,进而长时间占用道路空间,对后面的客车产生较大的干扰,使得道路的通行效率降低;第三,在上坡路段,货车以较低的车速行驶,大型货车与前面的小客车之间形成较大的间隙,而此间隙很难用作超车,使得后续车辆降速排队行驶,形成"成簇"现象,产生移动瓶颈,增加了行车延误。

### 5.7.3 客货车混行条件下移动瓶颈分析

(1) 移动瓶颈理论

移动交通瓶颈即为车辆在道路上运行过程中,存在某种交通阻碍,且障碍物本身有一定的速度,此时,后续到达的快速车辆受到障碍物的干扰而降速排队行驶,那么该移动的障碍物即为移动交通瓶颈。整个排队传播的过程称为移动交通波。

货车,从车辆性能上分析,受到载重、功能的制约,车速远低于客车;从车型上分析,体积较大,较为笨重,使得客车驾驶员靠近时产生较大的心理压力,驾驶员下意识地降低车速。货车成为道路运输中无形的障碍物,因此,常常引起移动瓶颈现象。

(2) 移动瓶颈状态下交通参数分析

交通三参数为流量、速度及密度。三个参数相互依赖,相互制约,且通过分析三参数之间的关系能够很好地反映出道路的运行状态。当道路上的车型较为复杂时,三个参数之间的关系也发生一定的变化。下面对货车干扰下的交通参数进行分析。

假设,不考虑车辆的速度变化,货车行驶速度为 $v$,客车自由行驶速度为 $\mu$,那么此时瓶颈上游、下游的流量均为 $C$,产生的排队波和消散波波速均为 $\omega$,且流量与密度符合三角形关系。根据图 5-2a) 可知,当没有货车时,道路能够承受的最大流量为 $C$,而当有货车时,道路车辆的行驶受到阻碍,最大通过流量降低为 $U$,受货车的干扰时间为 $\tau$。根据图 5-2b) 车辆行驶轨迹图可知,干扰时间与客车、货车的速度以及产生的波速相关。

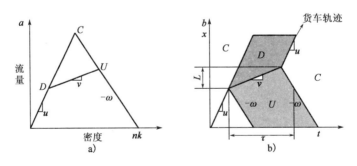

图 5-2 移动瓶颈交通波流量—密度三角形关系以及货车轨迹

(3) 货车干扰下的通行能力折减分析

以两种货车为分析对象,货车速度分别取 50km/h 和 70km/h,客车自由流速度为 120km/h,根据公式计算,上坡时产生的波速分别为 10m/s 和 13m/s,根据干扰时间公式计算可得出两种车型的无量纲干扰时间分别为 0.68s 和 0.84s。利用 MATLAB 软件对各种条件下的车道通行能力模型进行数值仿真,取自由流速度 $v$ 为 120km/h,阻塞密度为 124pcu/km/ln,路段长度为 1km,得到如图 5-3 和图 5-4 所示结果。

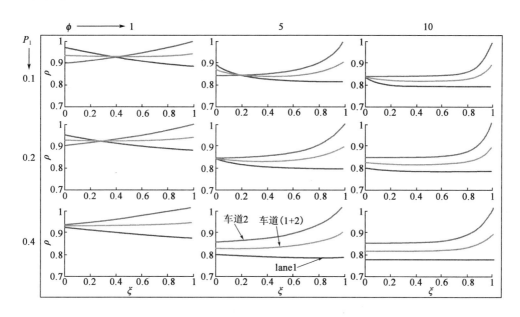

图 5-3　通行能力随各货车在车道 1 上比例的变化趋势

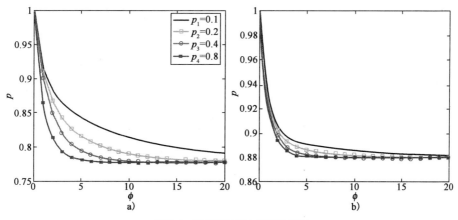

图 5-4　平均通行能力的变化趋势

如图 5-4 所示,当每种货车的相对比例不变时,随着总货车比例的不断升高,通行能力不断下降,而当货车比例增长到一定程度时,其对道路通行能力的影响也趋于平稳;当总货车流量不变时,随着货车 1 的比例不断升高,车道 1 的通行能力一直降低且降低幅度较大,而车道 2 的通行能力随着慢速车型数量的减少,通行能力恢复到理想通行状态。

车道 1 上的固定车型为货车,即车道 1 为混行车道,通过每一列图形的对比,可知车道 1 的通行能力随货车比例的增加而降低,通过每一行图形对比,可知车道 1 上货车 1 达到一定值时,车道的通行能力基本不变。

从图 5-4 中得出结论:图 b)为车道的平均通行能力到达最大值,即车道 2 为客车专用车道,车道为混行车道;图 a)为车道 1、车道 2 均为混行车道,此时的干扰较大。从而证明了客货分离有助于提升道路的平均通行能力。

### 5.7.4 货车专用道在国外的应用

美国联邦政府从 2006 年开始进行叫作"未来走廊"的工程用来改善交通拥堵和提高货运能力，经过一年的宣传和竞争，吸引了 38 个州的关注，2007 年 9 月，6 条州际公路被选为接受政府提供资金的"走廊"，I-70 公路就是其中之一。这是美国最大的国家级项目之一，项目的一个重要子项目就是跨州际高速公路修建城际货车专用道。

"未来走廊"是对 I-70 高速公路上的商业货车运输具有创新性意义的最好解决方案。这个方案得到了密苏里州、伊利诺伊州、印第安纳州和俄亥俄州运输局的支持，他们打算建立横跨四州专门的货车专用道，预期未来这条货车专用道将扩展到整个美国。

2007 年，美国印第安那州、俄亥俄州、伊利诺伊州和密苏里州就提议在 70 号州际高速公路上建 789mile 长的货车专用道。这四个州的政府官员已经签定了发展协议：将用 500 亿的资金在 70 号州际高速公路上建立第一条货车专用道的发展计划。佐治亚州也在位于城市边缘西北亚特兰大的 75 号公路和 285 号公路上分别建立了 375mile 和 20mile 的货车专用道。而修建货车专用道时的重型车占总车型的 21.5%～27.5%。

在美国八大货车主要通行干道之一的 81 号州际公路经过弗吉尼亚州内一共 325.51mile 的路段内，本来是设计给为货车占有量 15% 以下服务的高速公路，但是随着货车和总体车流量的增长，货车比例达到了 20%～40% 之多。在 2001 年，弗吉尼亚交通部开始对 81 号公路的全线改造，其中就包括从物理上分隔货车和小客车。2003 年美国交通部斥资 1.5 亿美元的投资来新建货车专用道。2005 年弗吉尼亚交通厅起草了实施方案。2006 年弗吉尼亚交通厅的工程师提出了对货车专用道的一些改良建议，包括在一些特定路段修建货车专用上升道，增加一些出口和入口的匝道，在中间隔离带增加一些护栏以防止交叉事故等。在这个过程中开展了很多关于货车专用道管理策略的研究，包括利用微观仿真软件进行交通系统有效性、能量消耗、环境和安全模拟的研究。

除此之外，美国还在 15 号州际公路加州段接近城市区域内设置了货车专用道，而在这个路段内设置的货车专用道是以收费公路的形式设计建造的。美国佐治亚州的亚特兰大作为一个高速发展的大城市区域，是美国第五大交通和物流公司的所在区域和东南部的物流中心，货车在车流构成中占了很大比重，并且保持着高速增长。针对城市的交通状况，亚特兰大货车专用收费道路的实施计划也在不断进行中。

在美国 80 号高速公路东西向 300mile 经过爱荷华中心区域的路段是货车流量很高的区域，因为它连接了包括纽约、克里弗兰、芝加哥和圣弗朗西斯科等美国的很多经济中心，这个路段上货车流量占了总车流的三成。在这条主要的干道上，2002 年就已经开始进行修建货车专用道的方案的评估。

截至 2009 年，美国范围内，已经有实施货车车道限制措施的州包括：阿肯色、加利福尼亚、科罗拉多、佛罗里达、肯塔基、缅因、爱荷华、马里兰、密苏里、新泽西、纽约、南北卡罗兰、南北达科塔、得克萨斯和弗吉尼亚。这些地区有的含有多种货车车道限制措施。比如弗吉尼亚州不仅采取了货车专用道，而且限制货车在货车专用道的车速。纽约州在 495 号州际公路上一些单向大于 4 车道的路段采用了高占有率车道限制措施，限制车辆在左侧车道行驶，而在纽约州际公路单向 3 车道以上的路段上,也设置了 10mile 长的限制货车左道行驶措施。佛罗里达州在单向 3 车道以上的道路采取了 24h 禁止左道行驶的措施,而加利福尼亚州则采取的是强制隔离的货车专用道措施。大多数设置货车专用道的州际公路路段都在大城市周边,车流量大,货车比例高。并且高速公路本身车道数大于单向两车道,大多大于双向四车道。

在休斯敦 I-10 东高速公路上面最近实施了一个货车限制车道的研究项目,该项研究表明在过去超过 36 周的时间里货车相撞事故减少了 68%。在靠近诺克斯维尔的 I-40 公路实施车道限制使得在左侧车道通行的货车数量锐减,即使是使用最小的标志和最小的执行力度。

货车车道的分离并不常见。一个比较著名的案例就是新泽西州的收费公路,其特点是完全把道路分离,一条仅为小汽车使用,另一条则是商业和非商业交通均可使用。图 5-5 显示了该收费站的每部分均设置了两条车道;图 5-6 数据则表明,分离成两部分的道路的事故发生率要比那些未分离的商业交通路段事故率低。

图 5-5 新泽西收费公路的四车道部分

货车专用道路也不多见。以南波士顿旁道公路为例,它是一条没有路肩、未分离的双车道公路。这条公路仅限于商业交通工具使用,包括出租汽车、公共汽车、高级轿车和商用车辆。制定这项规定是为了使来自 I-95 公路的货车在通过南波士顿工业区边缘时减少噪声污染和废气排放。这条公路减少了利用已饱和的 I-93 公路穿过波士顿中部的交通需求,而其交通通常是重型货车的自由流。

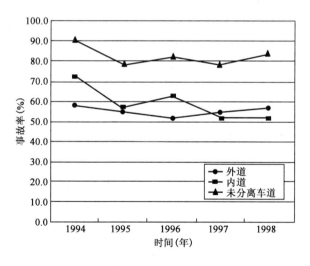

图 5-6 新泽西收费公路事故统计图

爬坡车道通过将慢行的重型车与其他车辆分离,以提高上坡时的交通运行效率,这些车道是常见的。

互通绕越车道已经在南加利福尼亚州、波特兰州和俄勒冈州实施,它聚集了周围的货车,因此提高了互通交通的运行效率。

## 5.8 快速公交系统(BRT)

### 5.8.1 快速公交系统的概念

20世纪70年代以来,世界上大多数城市一直致力于改善城市机动车交通的拥堵,通过对世界范围内城市交通发展经验总结发现,原本认为缓解交通拥堵的可行方法,如通过新建和扩建城市干道已经被证明效益甚微,甚至会加剧城市的交通拥堵,环境问题日益突出。一些城市虽然投入了庞大的资金建设轨道交通,但是巨大的投资和漫长的建设周期往往使得轨道交通难以在短期内形成以轨道交通为骨干的公共交通网络,导致轨道交通承担的公交客流出行比例有限,城市交通问题依旧。寻求运量大、投资省、见效快、能耗低的公共交通系统,成为城市决策者们共同的追求。20世纪70年代,随着经济的高速发展和城市人口的迅速膨胀,南美巴西的库里提巴市私人汽车拥有量急剧增长,城市交通运输状况日益恶化,为了缓解城市交通拥堵状况,决策者及城市规划人员大胆提出并实施了一种新的公交模式——快速公交系统(Bus Rapid Transit,以下简称BRT)。

### 5.8.2 BRT系统构成和系统特征

世界各国对BRT的定义略有差异,较权威的说法有:

①美国交通部(Federal Transit Administration,FTA):快速公交为结合轨道运输系统的品质及地面公共运输的弹性,采用专有路、HOV(High Occupancy Vehicle,高合乘道路)、快速路或者一般街道,结合ITS技术(Intelligent Transportation System,智能交通系统)、公交优先权、低污染与低噪声的车辆以及快速便捷的收费系统,并且结合运输导向的土地开发模式的运输系统。

②能源基金会(Energy Foundation):快速公交是利用改良的公交车辆,运营在公共交通专用道路上,保持轨道交通的特性且具备常规公交灵活性的一种便利、快速的公共交通方式。

③中国:国办发〔2005〕46号文:是利用现代化大容量专用公共交通车辆,在专用的道路空间快速运行的公共交通方式,具有与轨道交通相近的运量大、快捷、安全等特性,且建设周期短,造价和运营成本相对低廉。

(1)BRT系统构成

根据上述定义,快速公交系统应该包括以下六个组成部分:

①道路。

为了能够最大程度地体现快速公交系统公交优先权,这里的道路是指公交专用道。公交专用道路的设置方式有:全封闭的高架公交专用道路、全封闭的公交专用地下道路及公共交通专用车道。

②场站。

快速公交系统的场站包括供乘客乘降的车站和供车辆存放、维修和保养的场所。

③线路。

快速公交系统的线路组织方式大致有两种:一种是采用与轨道交通类似的单一线路,在干线的起点、终点或主要枢纽处布设支线,形成干支结合的形式;另一种是采用与常规公交相同的复合线路(护航线路)。线路的形式多样是 BRT 灵活性的体现。

④车辆。

快速公交系统的车辆采用低地板的燃油(气)公交车,分为单车、单铰接车和双(多)铰接车几种形式。

⑤收费系统。

为保证快速公交车辆所有车门能够同时上、下乘客,减少上下客延误,提高整个系统的运营能力与效率,BRT 采用与轨道交通相同收费系统,即在站点上完成售检票。

⑥ITS(智能交通技术)。

ITS 是快速公交系统运营保障的交通管理手段,包括道路交叉口的交通信号灯系统、公交车辆全球定位系统和公交运营车站信息管理系统等。

(2)BRT 系统特征和优势

快速公交系统(BRT)在技术上的最大突破就是吸收了轨道交通和常规公交的长处,在技术上兼收并蓄,创造了一种"现代化、高等级、低费用的大容量运送系统",甚至被称为"地面上的轨道交通",世界上各大城市中 BRT 的成功实施也印证了 BRT 在现代城市公交体系中具有突出的特点和优势。根据 BRT 系统的构成要素和总结国内外实施 BRT 所取得的运营效果,其主要特点及优势如下:

①能力大。

一般的 BRT 系统高峰小时通行单向可承担的客流为 8000～20000 人,运送能力介于轨道交通和常规公交。如果采取加大车辆编组、增加道路条数、科学灵活的运营调度的措施,还能使系统的运力进一步增加,甚至可以接近城市轨道交通的运输能力。

②投资低、建设周期短。

BRT 系统采用路面行驶的方式,不需要修建轨道以及使用特种车辆,只需对现有道路进行改进,系统的建设成本低,建设速度快,建设周期短。据有关资料和国内外实践,BRT 系统单位造价仅相当于轨道交通的 1/20～1/10,运营成本也只有轨道交通的 1/10 左右,工期约为轨道交通的 1/3。

③速度快,可靠性高。

BRT 系统采用公交专用道(专用路权),在交叉口处也可以获得优先通行权,因此受其他交通方式的干扰较小,车辆速度高,如库里蒂巴市的 BRT 系统平均运送速度可达 30～40km/h;另外,水平登降站台系统和车外售检票系统的采用,也使公交车辆在车站内的停靠时间减少,行程时间缩短,车辆的平均速度提高。我国北京、杭州的 BRT,目前的平均运行速度在 25km/h,比普通公交提高了近 80%。

④安全性高。

公交专用道的采用和交叉口优先权的赋予,使公共交通系统与其他交通方式完全分离,减少了公交车的拥堵现象发生,同时也避免了交通事故,车队管理系统中车内及站内安全系统的设置,更进一步减少了抢劫暴力行为的发生;同时车辆追踪系统能够及时迅速地施以救援,增加了对公交乘客人身安全的保护。

⑤污染小、能耗高。

新型公交车辆的低耗能、低排放;先进的车队管理系统能够实现高效率的运营,充分利用车辆资源;公交专用道和路口优先权的引入,提高了车速,避免了拥堵时反复的加减速和停车,也能有效地减少车辆的废气排放。

(3) BRT系统的功能定位

①快速公交系统的主要运用形式及特点。

a. 快速公交作为整个公交的主体。

这种BRT形式是建立完整的、覆盖城市大部分地区的快速公交网络。快速公交网络包括公交专用道路网系统以及公交换乘设施,城市公交系统以快速公交作为运输主体和骨干。

b. 快速公交作为轨道交通的延伸。

利用城市内部既有的道路资源发展快速公交系统,该系统与轨道交通系统紧密衔接,方便换乘客流,由于利用了既有道路资源,同时采用高合乘的公交方式提高了道路利用效率,不但减少了轨道网络的初期投资费用及整个系统的运营成本,也有助于为轨道交通输送充足的客流,改善轨道交通客流分布不均衡状况,提高了轨道交通的运营效益及整个系统的吸引力和覆盖面。

c. 快速公交作为建设轨道交通的过渡交通方式。

采用这种形式主要既是为了满足近期客流,也为了降低基础设施建设的初期投入,通过采取一定措施和技术尽量减少今后改造的废弃工程,节省城市公共交通建设投资;而且通过数年快速公交的运营,对引导城市土地开发利用和通道客流的培育也是非常有利的。国外采取这种运用形式的典型城市有法国的巴黎。

d. 快速公交与轨道交通混合使用。

地面快速公交与轨道交通共同组成城市公共交通系统的网络,这一发展战略已被世界上许多大型城市广泛应用,它们在规划与建设轨道交通的同时大力推广地面快速公交系统的建设,让快速公交与轨道交通紧密结合起来,使BRT与轨道交通共同构成城市的快速公交系统,这样既可以充分发挥轨道交通的优势,又可以充分发挥地面快速公交的优势。香港就是采用这种发展模式的典范城市之一。

②快速公交系统的功能定位。

a. 快速公交是一种独立的公共方式,是城市公交体系中的重要组成部分。

目前,国内外实施BRT系统的城市中有一半将其作为城市大运量交通系统的有机组成部分。有些城市在规划和建设轨道交通的同时,大力推广地面快速公交系统的建设,地面快速公交与轨道交通共同组成城市公共交通系统的网络。有些城市则建立完整的快速公交网络,将快速公交作为整个公交的主体。因此,无论是将BRT作为何种形式运用,它都是一个城市公共交通体系中的重要组成部分,从运输能力、服务水平、社会投入等多方面决定了快速公交适应面广、效益突出,完全应该成为构成现代化城市公共交通体系的重要方式。

b. 引导城市发展、形成和支撑新的城市空间布局。

快速公交在引导城市发展和城市空间布局方面与轨道交通拥有相同的功效。像波哥大、库里蒂巴、圣保罗等国外实施效果表明快速公交系统不但是解决城市公交拥挤难题的有效方式,而且也是引导城市以快速公交线路为主轴发展、支持和实现城市总体规划的重要手段,使得城市的用地布局与城市公共交通体系完美无缝地成为一体。对于那种规划多个中心、多个卫星城的大城市来说，快速公交系统也是完全可以支撑这种城市形态发展，起着分散城市功能、快速联系城市各功能区、疏散客流的重要功能。在我国，快速公交可以作为连接主城区与新城、开发区间的客运纽带，促进和支持城市空间布局按城市总体规划形成。

c. 提升城市公交服务品质、实现旧城保护、提高城市应急能力。

快速公交是最环保、节能的公共交通方式之一，单位人公里的能耗甚至比轨道交通还低，而且快速公交提高了地面道路资源的利用效率，可以大大减轻城市环境、能源方面的压力，快速、舒适、便利是快速公交的固有特点，这也正是基于这些优势，建设部（建城〔2004〕38号）《建设部关于优先发展城市公共交通的意见》也提出了"具备条件的城市应结合城市道路网络改造，积极发展快速公交系统"的意见，国务院在优先发展城市公共交通意见中也将其列为我国公共交通结构的重要组成之一。还有些城市，特别是历史文化名城，由于不适合发展轨道交通，仅靠常规公交又难以满足城市公共交通需求时，快速公交系统作为城市大运量公共系统将既能起到满足城市客流需求的作用，也不破坏城市既有风貌、实现旧城文化遗产保护的功能。另外，在进行快速公交专用道设计时，如果城市规划有要求，应该考虑快速公交具有城市应急通道的功能，以供救护车、消防车、警车等特种车辆在紧急情况下使用，在我国大部分城市交通拥堵状况严重，极大地削弱了城市的应急功能，因此在我国快速公交系统也应该具有城市应急通道的功能。

### 5.8.3 快速公交系统（BRT）发展研究现状

美国于20世纪30年代首先提出了快速公交系统的有关概念。国外对快速公交系统的研究与应用是在城市化的实践过程中不断完善的，并与土地使用的发展模式紧密相关，其研究过程大致可分为以下几个阶段。

(1) 1930~1975年 对快速公交系统的设想与早期研究阶段

这一阶段的设想与探索以美国为代表，美国快速公交系统的研究基于对高速公路功能的深刻认识与结合利用，其服务的对象在相当长的时间内主要针对城市外围中低人口密度的地区，并更多关注于快速公交系统设施方面的问题。

1937年，美国芝加哥首先提出建设快速公交系统的构想，并规划将西部三条轨道快速交通线路改为快速公交系统专线，在高速公路上行驶；1959年，美国圣路易斯规划了一条长达86mile的快速公交线，其中42mile使用高架公交专用道；1970年，美国密尔沃基规划建设长达107mile、运行于高速公路上的快速公交线。

这些规划设想和实践应用促进了快速公交系统理论的发展，1960年以后，大量有关快速公交系统的研究工作逐步展开。1966年，美国汽车商协会在研究报告《城市未来交通和停车问题》中指出："BRT在中低人口密度的地区采用更为适合，而且较之轨道交通更易于根据土地可利用资源和人口情况作出相应的规划或模式调整"；同时，该报告也首次提出快速公交系统在人口密度较高的大城市也极具应用性。此外，该报告还提出设置公交专用车道以及开发火车式公交或特殊设计的汽车。

1970年，关于"快速公交系统的潜力"的研究报告指出高速公路系统潜在的利用价值，如建设快速公交系统、修建公交专用路或车道；1975年，题为《在密集型开发地区发展快速公交系统的方式》的研究报告介绍并评估了公交车道、公交道路和隧道的成本、服务及公交环境影响等,演示了在市区中心如何协调运用各种公交优先设施,并建议采用多门铰接车辆实施快速公交系统。

(2) 1975~1990年 快速公交系统实践及其与土地使用相衔接的理论研究阶段

20世纪70年代中后期,美国等发达国家将研究精力由基于高速公路的快速公交系统和立体式的轨道交通系统转向高承载车辆(High Occupancy Vehicle,HOV)车道和轻轨交通上,普遍认为快速公交系统无法达到轨道交通系统在客流吸引和外在形象方面的优势。而拉美的许多发展中国家城市则结合自身的特点,开始建立以BRT为骨架的公共交通系统,巴西的库里蒂巴是其中的典型代表。

真正意义上的快速公交系统是1974年诞生于巴西的库里蒂巴。面对城市人口的急剧膨胀和私人汽车的迅速增长所导致的严重的交通拥堵,作为发展中国家的库里蒂巴当时没有足够的资金建设城市轨道交通,在前市长、著名建筑设计师杰米·莱纳(Jaime Lerner)的领导下,库市交通研究人员大胆开发并付诸实施了一种新型城市客运方式——用修建城市轨道交通十分之一的造价来建设具有其运营特性的快速公交系统。在不大力兴建地铁,也没盲目加宽路面的情况下,有效地解决了城市交通拥挤问题,走上了一条独具特色的可持续发展之路。通过30余年的逐步研究和改进,库市的快速公交系统网络日趋完善,已成为世界各国学习借鉴的典范。库市目前现有人口230多万,私人汽车50多万辆,但每天仍有超过140万的出行者搭乘巴士,占城市总出行人数的50%以上。

德拉巴拉在其《综合土地使用与交通建模》一书中,通过反馈回路等模型描述了土地使用与交通系统关系的互动本质,并且对这一模型在巴西的土地使用与交通规划决策中的应用作了阐述。以库里蒂巴为代表的拉美城市所创建的优秀城市公共交通网络体系,成功地将地面快速公交体系与城市布局相结合,在快速公交引导城市发展模式研究发面做出了有益的探索。

(3) 1990年至今 与TOD模式相结合的快速公交系统全面发展和推广阶段

自20世界90年代初开始,随着拉美快速公交系统的成功应用,在世界范围内掀起了建设、研究快速公交系统并将其纳入城市公共交通体系的热潮。

目前,除南美和北美的城市广泛开展了快速公交系统的建设外,欧洲、大洋洲及亚洲的许多城市也已经开始或正在着手进行快速公交系统的工程实施或网络规划,如英国的利兹、法国的里昂、荷兰的埃因霍温、澳大利亚的布里斯班、日本的名古屋、韩国的首尔、印度尼西亚的雅加达等都先后建设了快速公交系统。综合各国发展快速公交系统的状况,这一阶段的研究主要体现了以下三方面的特点:

①与公共交通引导城市发展(Transit Oriented Development,TOD)模式的进一步结合。以美国逐渐兴起和演变的新城市主义为代表,国外开始实施通过公交导向开发策略进行系统的、协调的土地开发和公共交通建设。在加拿大渥太华,创造性地采用了"由外及内"的快速公交系统发展策略,使该地区比北美大多数城市都更好地实施了以公交为主导的土地发展模式;澳大利亚的布里斯班规划通过快速公交系统建设推动以BRT为轴心的TOD模式。

②充分体现了快速公交系统的灵活性和多样性。国外各城市在建设快速公交系统时,往往根据自身特点和经济实力,在以提高运量和缩短时间为目标的前提下,根据不同的功能需求和资源状况采取不同的发展方式。据国外有关机构对全世界26座城市快速公交系统的调查统计,80%的系统拥有各种形式的专用车道(路),67%的系统建有特殊的水平上下车站,40%

的系统采用有特色的公交车辆,13% 的系统应用了智能化系统,14% 的系统建有车外售票设施。

③通过高新技术的应用进一步提高快速公交系统运载能力。哥伦比亚首都波哥大(Bogota)用了3年时间建成一条被誉为"新世界公交"的快速公交线路就采用了先进的智能化系统。2001年,美国国会审计办公室提交的研究报告对比了全美13座城市的轻轨项目和17座城市的快速公交系统示范项目,其基本结论是快速公交系统在成本上低于轻轨,而在运载客流量和运行速度上接近轻轨。

我国在20世纪90年代开始引入快速公交的概念,陆锡明、陈必壮于1994年提出通过设立封闭式快速公交运营系统来缓解市区乘车难的新设想;直到2003年,BRT这个舶来词才第一次出现在《中国巴士与客车》年鉴图书(重庆电子音像出版社,2003)上;2003年第1期《城市交通》杂志系统地阐述了BRT的基本思想和原则。国内对快速公交系统的研究大体上可分为以下两个相互交错的阶段:

(1)1994~2002年 快速公交系统的概念引入和理论研究的萌芽阶段

在这一时期,随着快速公交系统在世界范围内的发展和推广,引起了国内交通界的关注和重视,也有很多介绍国外快速公交系统发展历史与实践经验的文章公开发表。在理论探索方面,国内首先展开的是对公交专用道的引入和研究。

1994年,昆明与苏黎世开始交通规划合作,在国内最早明确提出"公交优先"的交通发展政策;杨晓光、马林(1997)提出新型公共汽车专用道(路)的概念,研究了城市公交专用道(路)的设计要点及优先控制管理系统;胡润州认为城市公共交通专用道(路)是提高大城市公交运输水平的重要途径;1999年4月,昆明建成首条现代公交专用道,在中国开始了最早的快速公交系统的实践。

陈艳艳(2002)介绍了美洲7座城市的快速公交系统的运行现状,并分析了改善系统的不同措施;2002年11月,在中国土木工程学会城市公交学会六届四次理事扩大会议上,专题报告"巴士技术与城市公共交通系统的发展"介绍了BRT的概况,同期在上海召开的国际公共交通联合会亚太区大会上,介绍了澳大利亚的布里斯班和悉尼以及印度的班加罗尔发展BRT的成功经验。

(2)2003年至今 快速公交系统的深入研究和技术推广与实践阶段

2003年3月,北京市交通委员会在京举办了"北京快速公交发展战略研讨会",并邀请了包括有"快速公交之父"之称的巴西库里蒂巴前市长杰米·莱纳等国内外专家,探讨在北京实施快速公交项目的必要性和可行性,这是国内快速公交发展史上的一个重要里程碑;2003年12月,中国土木工程学会城市公共交通学会和昆明市人民政府在昆明联合召开了"中国巴士快速交通发展战略研讨会",并通过了《中国巴士快速交通系统行动纲要》(昆明宣言);2005年4月,中国土木工程学会、中国市长协会、建设部城市建设司、上海市建设和管理委员会在上海联合召开了"中国巴士快速交通行动大会",并通过了《BRT城市联盟合作协议》(上海协议);2006年11月,中国土木工程学会城市公共交通学会在济南召开了"中国巴士快速交通运营实践大会",并举行了《巴士快速交通技术运营研究》、《巴士快速交通自动导航系统》两项课题开题会,这两项课题均被列入《建设部2006年科学技术项目计划》;2007年8月,由建设部城建司主办的城市快速公交系统发展研讨会在北京召开,来自北京、杭州、昆明、深圳、济南、合肥、西安、大连8城市为代表的公交集团领导以及各地规划研究院代表等参加了此次会议。国内外专家针对BRT在中国城市的发展进行了广泛的讨论,为其在国内的深入研究和推广实践奠定了坚实的基础。

2005年4月,民间非营利组织——宇恒可持续交通研究中心(CSTC)在北京注册成立,该中心由威廉与佛洛拉·休利特基金会、美国能源基金会提供支持,旨在帮助国内城市设计和实施可持续的、多元模式的城市交通系统,特别是快速公交系统;2006年9月,中国城市公共交通协会快速公交专业委员会成立,这标志着我国快速公交的发展步入了一个新的阶段;此外,国内很多高校如长安大学(原西安公路交通大学)、重庆交通大学(原重庆交通学院)等也纷纷成立了专门研究快速公交系统的机构。

目前,国内对快速公交的认识逐步得到统一,并将其视为提供高效服务的"绿色交通"系统和缓解城市交通供需矛盾的有效手段,有关快速公交系统的理论研究正在深入展开。我国快速公交系统发展实践情况综述如下:

(1)台湾

快速公交系统近年来在国际上受到推崇,台湾也于2002年开始大力推广快速公交系统的规划观念。早在1996年,受大众捷运系统施工阶段的交通影响,台北市政府即同时推动8条公交专用道建设,成效显著。台中、高雄于1999年也分别进行了快速公交系统规划。

(2)北京

在北京市交通委员会的领导下,北京公共交通总公司和北京交通研究中心提出了在南中轴建设快速公交的设想,项目可行性研究工作于2003年4月展开,项目建设于2004年年初开工。2004年12月25日,前门至木樨园的南中轴路快速公交一期线(全长约5km)正式运营,它预示着一个新的公共交通发展理念开始正式进入中国,预示着一个"以人为本"的城市交通管理新时代逐渐来临。

经过两年多的紧张规划、设计、施工和运营,国内第一条真正意义上的快速公交线——北京南中轴路快速公交1号线于2005年12月30日全线通车并投入运营,首日客流量突破10万人次,该系统成为北京市南北公共交通的大动脉,为沿线近20万居民提供了出行便利,有效改善了南中轴路的交通环境,同时也加快了北京南城建设步伐,为经济发展提供了有力的支持。作为中国交通拥堵最严重的城市之一,南中轴快速公交系统的建设在于探索一种能改善北京公共交通系统的新型和高效的方式。

南中轴路大容量快速公交线北起前门,经天坛穿越二环、三环、四环和五环路,南至德茂庄,全长15.8km,共设车站17座,平均站距940m,并在前门站实现了与地铁环线的接驳。为避免公交车与其他机动车混合使用导致公共汽车的运营效率下降,在路段范围采用了全封闭、位于道路中央隔离带两侧并通过武力隔离形式与社会车辆完全隔离的公交专用车道。

北京市政府对快速公交系统建设十分重视,目前已计划在2008年6月前开通安立路和朝阳路两条快速公交线,同时还将开始研究广渠路、埠石路快速公交系统方案和南中轴路快速公交线南延至亦庄的方案。

(3)杭州

杭州快速公交B1线是国内第二条真正意义上的快速公交线,全线贯穿杭州城中部,西起黄龙公交站,途经天目山路、环城北路、艮山东路等道路,东至下沙高教东区,贯穿6个行政区,连接杭州市主城和下沙副城,全长28km,设计运力为1万人次/小时/方向,于2006年4月26日开通运营。开通初期设13对中途停靠站,平均站距为2km,按照最终设计要求,杭州快速公交一号线将设置23对中途停靠站,平均站距1.17km。

到2020年,杭州将建成由11条线路组成的总计183km的快速公交线网,其中城市中心区(以武林广场为中心,半径5km范围内)的快速公交,平均速度为20km/h,非中心区平均速度为30km/h。

(4)常州

2008年1月1日,国内第三条真正意义上的快速公交线——常州快速公交一号线正式开通运行。常州快速公交一号线全长23.77km,北起新北公交中心站,南至武进公交中心站,是贯穿常州南北的公交客运走廊,其特点是专用道设置在道路中央,车站在专用道两侧,是国内第一条"中央侧式站台"公交项目,将为快速公交的发展提供有益经验;此外,常州快速公交一号线还采用了组合模式,即开通快速公交一号线主线的同时分批开通3条支线,以便充分发挥快速公交专用道的交通走廊作用,使市民享受到"快捷、安全、方便、舒适"的高品质的公交服务,这种1主3支的组合线路运营模式,可实现主线和支线"同台同向"免费换乘,在确保快速公交专用路权的同时,方便乘客,提高运能。

(5)其他

2007年2月13日,天津市1路"快速公交"正式开通运营,这是规划新建220km快速公交网络上运行的第一条公交线路,象征着天津市酝酿多年的快速公交系统有了实质性的突破;根据《上海BRT项目概念性报告》的规划,到2010年,上海将建成100~150km的快速公交系统(BRT),至2020年,上海还将建设200~300km的BRT系统;根据广州交通发展纲要(草案),广州将利用BRT实现公交车站与地铁站的对接,2010年亚运会前可以建成;武汉将在"十一五"期间筹建4条快速公交线路,2020年将再规划3条,以缓解日趋严重的城市交通拥堵问题;2006年5月25日,《深圳市快速公交系统(BRT)规划》正式对外公示,到2010年,深圳将建成5条BRT线路;济南市美国能源基金会在中国的第一个BRT推广项目示范合作城市,双方确定北园大街作为首条BRT线路,也是中国第一条"双快"公交系统,济南将在未来5年内,计划建设4~5条BRT快速公交线路,以解决目前交通拥堵的问题。

今后5年内,国内将有10座以上的城市建成快速公交系统,预计其总长度将达到300~500km,日客流量达到200万~400万人次。

## 5.9 国外管控车道运营案例

### 5.9.1 I-635州际高速公路

(1)管控策略

635州际高速公路位于得克萨斯州达拉斯—沃斯堡大都会地区,由西与至东分别与190公路、35E州际高速公路、75号公路、30州际高速公路、80号公路及20号州际高速公路相交,包含8个相交路口,全长60km。线路全线于20世纪末期完成。其中1967年完成35E州际高速公路与75号公路路段公路通车状况;1968年完成75号公路至30号州际高速公路路段通车,并建成 75 号公路与 635 州际高速公路互通立交的建设;1969 年完成 80 号公路与 20 号州际高速公路路段通车;1970 年实现 30 号州际高速公路至 80 号公路通车情况,并建成 80 号公路与 635 州际高速公路互通立交;1972 年完成 175 公路与 635 州际高速公路互通立交的建设;1989 年完成 20 号州际高速公路与 635 州际高速公路互通立交的建设;2005 年完成 190 号公路与 635 州际高速公路的建设,建设过程如图 5-7 所示。

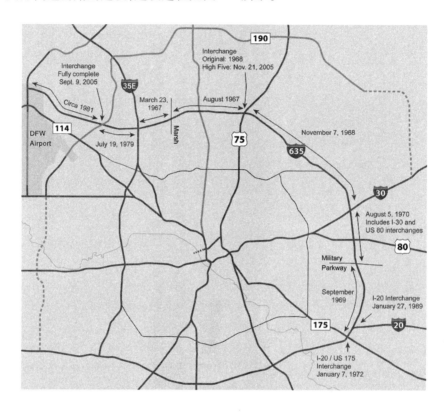

图 5-7　635 州际高速公路线路

635 州际高速公路于 2011 年在 35E 州际高速公路与 75 号公路间道路进行管控,称之为 LBJ 快速路。位于达拉斯市的全长 13.3mile 的快速通道连接 635 州际高速公路和 I-35E,是一个复杂的新收费公路系统,旨在为出行者提供更快、更可靠的旅行,实现无"走走停停"的出行。该管控车道形式的建设为缓解达拉斯北部的交通拥堵状况起到了重要作用,对缓解 35E 州际高速公路的分流作用具有重要作用。快速路起始于西部的月神大道,终止于东部的格林威尔大道,在与 35E 州际高速公路相交路段通过互通立交相交,线路形式如图 5-8 所示。

该快速车道建设分为三个阶段:(一)希尔克雷斯特大街至格林威尔大道路段;(二)35E 州际高速公路与快速路的相交道路;(三)月神大道至希尔克雷斯特大街。目前(一)、(二)阶段已经完成建设,实现了通车行驶。出行者可通过阶段(一)建设道路实现培斯顿大道到达格林威尔大道的出行方式,通过阶段(二)建设的 35E 州际高速公路与 635 州际高速公路相交的立交匝道实现两者间的快速通行。各阶段建设状况如图 5-9、图 5-10 所示。阶段(三)(即月神大道至希尔克雷斯特大街路段)的建设至今仍在施工过程中。

第 5 章 管控车道运营

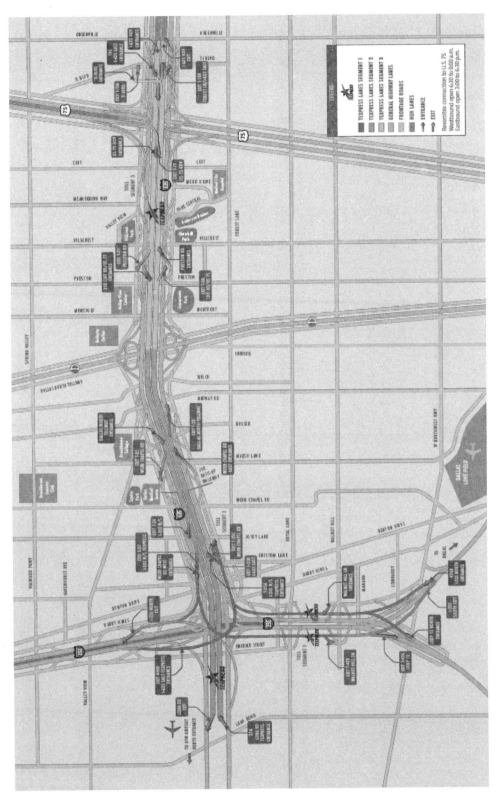

图5-8 快速路线路图示

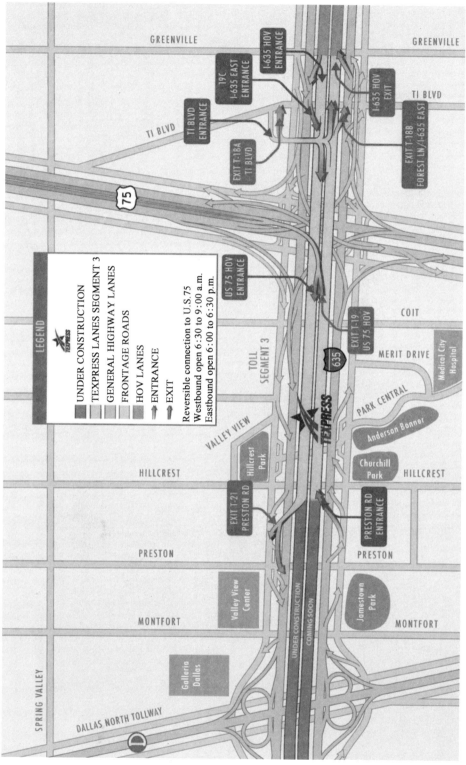

图5-9 阶段（一）建设路线

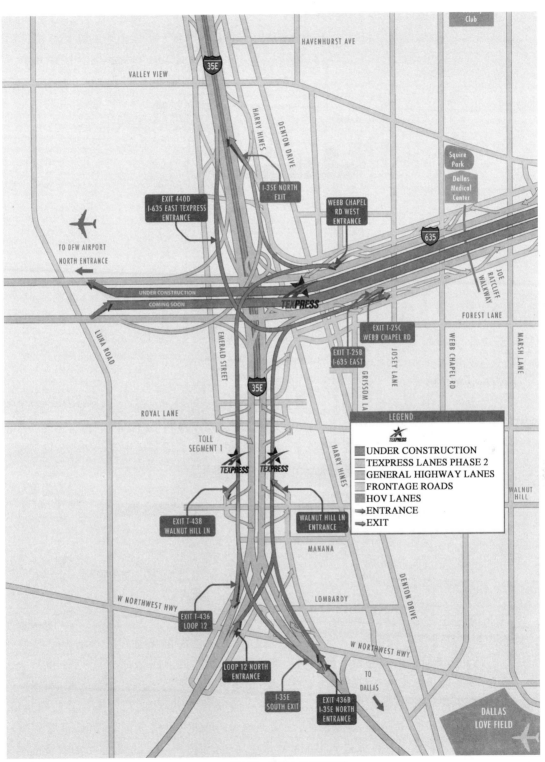

图5-10 阶段(二)建设路线

该道路管控策略拟建设为在 635 州际高速公路采取双向 6 车道的快速收费车道,在 I-635E 州际高速公路建设双向 4 车道的快速收费车道,其收费形式将对高承载专用车辆(HOV)实行优惠通行政策,据调查资料显示,该管控方式的实施提高了普通行车道的通行速度,减缓了 635 州际高速公路在该路段的交通拥堵状况。具体断面形式如图 5-11 与图 5-12 所示。

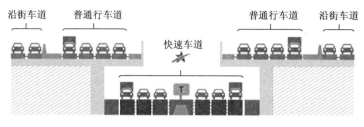

图 5-11　I-635 州际高速公路断面形式

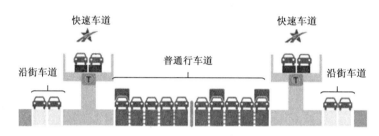

图 5-12　I-635E 州际高速公路断面形式

运营与管理(O&M)

运营与管理组织结构将负责项目在运营管理期间的安全性、维护良好道路设施、畅通运营和及时应对事故状况,同时遵守合同建设运营协议的性能需求。各项子组织将定义与协调必要的工作来完成这些任务,主要包含交通安全分析、技术管理以及运营服务操作等。如图 5-13 所示。

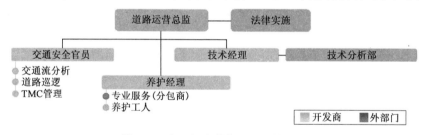

图 5-13　项目子组织结构——运营与管理

(2)收费策略

I-635 州际高速公路采用动态 ETC 电子收费策略,以平衡路网交通流量,为出行者提供更为快捷、舒适的行车环境。道路设备能够每隔 5min 便实时监测道路运行交通状况,保证全天候环境下行驶车辆运行车速在 50mile/h 以上。因此基于实时交通流运行状态的时变特性,车道收费标准会出现周期性波动,随着交通流量水平与交通需求的增加,或动态调整收费价格,在高峰时期收费标准在 45～75 美分波动;当交通流量降低时,价格会自动降低,通常保持在 10～25 美分。其道路收费标准以进入 I-635 号州际高速公路时电子收费板显示的收费提示为准,当车辆运行过程中的显示板收费费率发生变化,并不会对道路内部运行车辆造成影响。

其收费形式采取 ETC 电子收费策略,因此需建立收费账户与行驶车辆予以关联,若系统监测到其运行车辆并未进行注册,则道路系统中车辆检测设备会记录该车辆车牌号,通过将车牌号的需缴费情况邮寄于用户,且该种情况下需多支付 50% 的费用。I-635 道路收费政策对不同的车辆类型采取不同的类型标准,如表 5-2 所示。如高承载车辆实施收费优惠政策,在高峰期间降低 50% 的收费费用,如图 5-14 所示。

图 5-14 635 州际高速公路快速路电子收费板

在收费费率制定后,得克萨斯州交通运输部门由经实际调研数据研究,在不同的收费标准制定下,管控车道与普通行车道的行车速度有明显不同,如图 5-15 及图 5-16 所示,635 州际高速公路西行交通需求较大,因该方向是主要通勤流量聚集地区,且高峰时刻相比东行较早来临,且由东、西行行车方向显示东、西行的制定收费策略亦根据相应的交通流量以及路网整体运行速度,建立了具有针对性的收费标准:西行收费标准相比东行收费标准较高,且在该收费标准下充分发挥了路网输送能力,保证了道路的高速通行。

不同类型车辆收费标准　　　　　表 5-2

| 车辆示意图 | 类 型 | 说 明 | 尺寸大小 | 收费标准 |
|---|---|---|---|---|
|  | 高承载车辆与摩托 | 仅适用于周一至周五高峰时期(上午 6:30~9:00;下午 3:00~6:30) | — | 基本收费标准×0.5 |
|  | 单人行驶车辆:小客车;微型载货汽车;小货车;摩托车 | 其中包含了非高峰时段内行驶的 HOV 车辆与摩托车 | 车高<7ft;车长<20ft;车宽<8.5ft | 基本收费标准 |
|  | 拖车 | — | 车高<14ft;车长<73.5ft;车宽<8.5ft | 基本收费标准×2 |
|  | 大型车辆 | 客运车辆;旅游车辆 | 车高<12ft;车长<46ft;车宽<8.5ft | 基本收费标准×3 |
|  | 超大型车辆 | — | 车高<14ft;车长<73.5ft;车宽<8.5ft | 基本收费标准×4 |
|  | (超)大型车辆+拖车 | — | 车高<14ft;车长<73.5ft;车宽<8.5ft | 基本收费标准×4 |
|  | (超)大型车辆+1辆以上拖车 | — | 车高<14ft;车长<73ft;车宽<8.5ft | 基本收费标准×5 |

注:1ft=0.3048m。

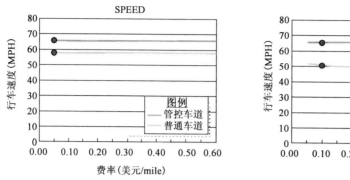
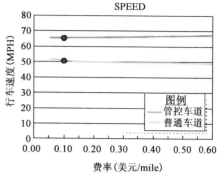

图 5-15　快速路东行方向 6:00~8:00 及 8:00~9:00 行车速度与费率变化

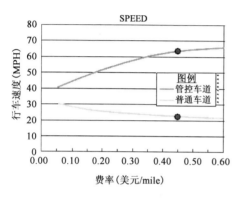
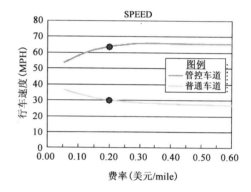

图 5-16　快速路西行方向 6:00~8:00 及 8:00~9:00 行车速度与费率变化

## 5.9.2　SR 167 HOT 车道

（1）管控策略

SR 167 车道位于华盛顿州，2009 年华盛顿州交通部拟扩建 SR 167 道路，将其建设为高承载收费专用（HOT）车道，该条 HOT 车道起始于华盛顿州皮尔斯县的 8 号大街附近，终止于华盛顿州金县的 15 号大街附近。SR 167 公路是格林河地区重要的货运与通勤车道，是主要的交通运输走廊。HOT 车道的建设所增加的道路通行能力与通行效率对缓解道路拥堵状况、提高运行速度、降低出行时间具有重大意义，尤其是对于向北方向行驶的通勤乘客而言，该道路满足了该通行方向大量的交通需求。如图 5-17 所示。

增加向北通行的 HOT 车道将配合现有道路管控形式，对提高道路通行能力具有重要意义，据统计，该道路的建设为早高峰时期增加了约 900 辆/h 的通勤车辆，使得车辆运行速度更加通畅，加强了行驶安全性。预计到 2020 年，在早高峰的 3h 时段内（6:00~9:00），从某种意义上讲，普通行车道运行速度将降低至 20mile/h，且由 8 号大街至 15 号大街的通行时间将由 3.75min 增加至

图 5-17　SR 167 道路地理位置

4.5min。至2020年,车辆行驶在该HOT车道的平均行车速度将达到55mile/h,HOT车道上通行时间将比现行时间降低,预计发展至2040年,若无该HOT车道,普通行车道在该条路段的通行时间将增加至6min。因此建设该HOT车道意在增加普通行车道与HOT车道的通行速度与运输效率。预计该管控策略的实施将使得每天超过4000辆的机动车将在项目中获得收益,大约每辆车将节约10min的时间。

针对上述问题,布设HOT车道对于缓解SR 167车道主线交通拥堵问题、提高运行速度及提升交通节点服务水平具有重要的实践意义。在设计之初,采用双实线的方式将HOT车道与普通行车道进行分离,车辆只能由固定地点进入与驶出HOT车道,且缓冲区与开口长度至少在1500ft以上,以保证驾驶员能够有足够的反应时间驶入、驶出该区域。如图5-18、图5-19所示。

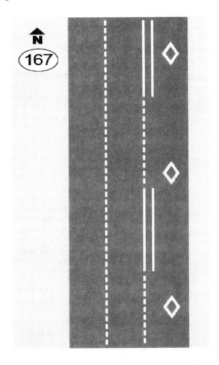
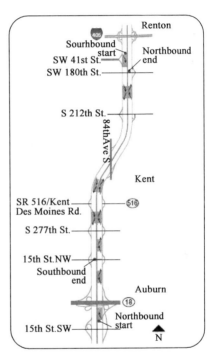

图5-18  SR 167公路HOT车道双线隔离模型　　图5-19  SR 167公路HOT车道开口位置分布

双线隔离方式在提升道路运行速度的同时,亦出现了某种问题,即固定出入口的进出HOT车道形式,造成该车道在出入节点处行车速度降低,在高峰运行时段内,增加了行车延误,降低了路网运输效率。同时基于华盛顿州2012年实施民意调查问卷,高达40%的民众希望能够将固定式出入点改为随意式,因该种形式能够使得HOT车道开放性更强,且保证了大型车辆能够随意进出,避免对后驶车辆造成交通延误。因此将双线隔离改为单线隔离,如图5-20所示,该种形式能够保证车辆随时随地驶入HOT车道。

(2)收费策略

SR 167 HOT车道仍遵循高承载专用车道的设置标准,摩托车、公交车、中型客运车辆以及高承载车辆(2+)可在该道路免费通行,限制货车或超过10000磅的车辆占用HOT车道,除此之外,通行其他车辆可通过缴费的形式获取该道路的通行权。收费策略由华盛顿州交通委员

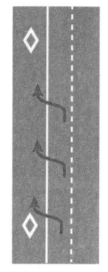

图 5-20　SR 167 公路 HOT 车道单线隔离模型

会、华盛顿州交通运输局与公众意见共同制定,且华盛顿州交通委员会通过对一年内交通流量的变化以及收入水平与运营管理费用的消耗,来对费率作调整,使得能够满足道路运营的需要,收费收入将全部用于 HOT 车道的运营管理与维修养护,因该项目的建设的主要目的便是使得华盛顿州交通运输局学习如何更好地对管控车道运营管理模式进行操作。

2008 年华盛顿州相关立法机关建立收费框架时,指出收费收入应用于项目的建设投资和对交通走廊系统性能的优化。设置收费利率,以满足预期的资金负债、优化道路出行系统性能以及产生额外的收入。收费的制定应具有公平、公正性。相关机构的收费框架制定的责任如表 5-3 所示。

SR 167 高承载专用收费车道采取 ETC 电子收费策略,根据路网交通拥堵状况,实时动态调整收费标准,以平衡路网交通流量,保证路网 90% 运行车辆行驶速度控制在 45mile/h 以上,最大限度地利用道路通行能力。基于动态收费费率的调整,对交通运行状况作出实时的反应,通过嵌入地面的感应器对交通流量与行车速度的感知,减缓交通拥堵问题。收费费率随拥挤程度的加深而提高。如图 5-21 所示。

收费政策制定相关机构职责　　　　　　　表 5-3

| 指标 | 华盛顿州议会 | 交通委员会 | 交通运输部 |
|---|---|---|---|
| 责任 | (1)建立收费标准;<br>(2)制定收费路段;<br>(3)使用收费收入 | 制定收费标准与相关费用 | (1)计划、建设相关设施;统一收费;<br>(2)建造、运营收费系统 |
| 角色 | (1)建立收费相关法律标准;<br>(2)授权走廊收费权利;<br>(3)监管财政计划;<br>(4)实践收费策略;<br>(5)监管收费财政预算 | (1)制定收费标准下的收费费率;<br>(2)限定高承载率人数标准;<br>(3)建立咨询委员会 | (1)开发收费系统与程序;<br>(2)收取通行费;<br>(3)财政优化;<br>(4)走廊收费系统管理;<br>(5)评估收费项目可行性 |

出行者需占用该车道进行行驶时,需建立"Good To Go"账户,如 5-22 所示。通过安置在车辆上的监测设备与 ETC 电子系统进行相连,以完成收费过程。在驶入该车道时需注意收费电子显示标牌,来判断该道路收费标准,其费率变化范围在 50 美分至 9 美元之间。SR 167 HOT 车道实施收费管理时间段为上午 5:00 至下午 7:00,除此时间段外,HOT 车道对所有车辆免费开放。

(3)支出与收入

①出行费用。

如表 5-4 所示,HOT 车道收费费率与运行交通量为华盛顿州交通运输局提供了更多的对 SR 167 HOT 车道项目实施状况,其主要包括平均收费费率、最高收费费率以及南北通行的 HOT 车道通行交通量。

图 5-21　SR 167 HOT 车道收费

图 5-22　SR 167 HOT 车道"Good To Go"标牌

SR 167 HOT 车道收费费率与交通量　　　　表 5-4

| 指标＼年份(年) | 2009 | 2010 | 2011 | 2012 |
| --- | --- | --- | --- | --- |
| 平均费率(美元) | 1.00 | 1.00 | 1.00 | 1.25 |
| 最高费率(美元) | 9.00 | 5.50 | 5.25 | 6.50 |
| 平均日交通量 | 1365 | 1915 | 2525 | 2950 |
| 最高日交通量 | 1910 | 2390 | 3310 | 3950 |
| 高峰期间平均北行交通量 | 200 | 305 | 375 | 430 |
| 高峰期间平均南行交通量 | 130 | 180 | 220 | 255 |

收费费率的变化范围在 50 美分至 9 美元之间,在前三年的实施过程中平均收费费率在 75 美分至 1 美元之间,第四年实施过程中平均收费费率上升至 1.25 美元,反映出使用 HOT 车道的交通流量在逐步增加。

在 2008 年 6 月、7 月,收费费率达到最大值 9 美元。此后,华盛顿州运输局工程师调整对动态收费系统算法进行了调整,在保障道路通畅运行的条件下,将收费费率限制在 6.50 美元以内。如图 5-23 所示。在进行算法改善的前几个月,将收费费率进行微量提高,建立初期的敏感性算法,以确保将车辆引入 HOT 车道中时,保障高承载专用车辆和公交车量的服务水平与运行效率。该道路运行形式发展至 2014 年时,向北行驶早高峰期间(7:00~8:00)平均收费费率为 2.25 美元,向南行驶晚高峰期间(16:00~17:00)平均收费费率为 1.5 美元,如图 5-24 所示。

②运营成本与收入。

SR 167 HOT 车道试点项目的实施目标是缓解交通拥堵状况,以及保证 HOT 车道畅通行驶的交通条件。道路运营收费收入是一个额外的好处。尽管如此,收费收入趋势在逐年增加中(图 5-25,表 5-5),对道路进行收费管制保证了大多数人的出行需求,行车舒适度显著提高。

收费收入在 2011 年 4 月开始超过其道路运营成本,若保持该种形势,额外的收入将重新用于投资走廊的建设,但必须经过相关的政府部门的支持与许可。

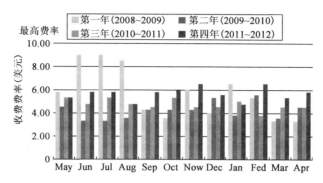

图 5-23　SR 167 车道收费费率浮动形式

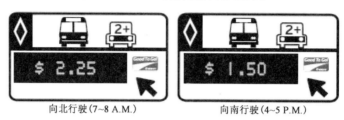

图 5-24　SR 167 车道收费费率浮动形式

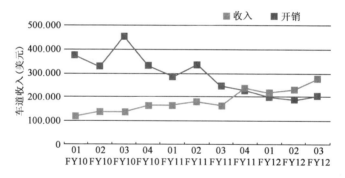

图 5-25　SR 167 HOT 车道收入与投资趋势

在三年实施过程中，对各季度费用支出资料信息进行统计，得知其大体呈下降趋势，如图 5-26 和表 5-5 所示。2012 年第三季度与 2010 年第三季度相比，费用支出下降了 55%。

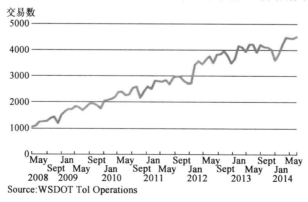

图 5-26　SR 167 HOT 车道收入发展趋势

**SR 167 HOT 车道收入与投资费用**  表 5-5

| 时间节点 | | 收费总收入（美元） | 投资总支出（美元） |
| --- | --- | --- | --- |
| Q1 FY 10 | July-Sept 2009 | 120535 | 367148 |
| Q2 FY 10 | Oct-Dec 2009 | 135799 | 327181 |
| Q3 FY 10 | Jan-Mar 2010 | 136693 | 4566841 |
| Q4 FY 10 | April-June 2010 | 162031 | 332161 |
| Q1 FY 11 | July-Sept 2010 | 165444 | 285416 |
| Q2 FY 11 | Oct-Dec 2010 | 180357 | 3341372 |
| Q3 FY 11 | Jan-Mar 2011 | 165225 | 246187 |
| Q4 FY 11 | April-June 2011 | 239420 | 226595 |
| Q1 FY 12 | July-Sept 2011 | 217010 | 198988 |
| Q2 FY 12 | Oct-Dec 2011 | 230476 | 186625 |
| Q3 FY 12 | Jan-Mar 2012 | 276756 | 204153 |

### 5.9.3 I-405 快速收费车道

（1）建设背景

1999 年，华盛顿州交通部在 405 号州际高速公路开始了为期 20 年的计划工作，其主要是华盛顿东部环城公路高速公路的建设。在 405 号州际高速公路的《环境影响评估报告》中表明采取收费的管控策略是一种可行的减缓交通拥堵问题的措施，405 号州际高速公路的规划进程中建议在普通行车道与高承载专用（HOV）车道间建设 4ft 的隔离设施，该做法为未来实现增设双向的管控车道提供了基础。

高承载车辆（HOV）专用车道建成之后为缓解 405 号州际高速公路交通拥堵问题起到了重大作用，提高了道路运行交通量，平衡路网交通服务水平，充分发挥了系统通行效率，HOV 车道的设置通过提供一个有吸引力的选择来减少了人们对汽车的需求。据华盛顿州交通运输部统计资料显示，在高峰时期 HOV 车道占据了 15% 的运行交通量，华盛顿州交通运输部投资了 15 亿美金用于建设该 HOV 车道系统，包括核心区域，建设长达 300mile。

在 I-405 州际高速公路 HOV 车道管控策略实施中，各个 HOV 车道连续衔接 30mile 长，高承载专用车道与普通行车道通过白色实线分离交通流，且车辆能够在任何时间、任何地点进入该 HOV 车道。限制表明高承载专用车道上公共汽车、两辆或两辆以上的机动车辆与摩托车具有 HOV 车道的通行权，大型货车与拖挂车是不允许使用该 HOV 车道的。在工作日期间，I-405 高承载专用车道双向行车方向均具有 15000 辆以上的车流量。

直至发展至 2003 年，高承载专用车道仍全天候服务于满足特定通行条件的车辆。在华盛顿交通运输局的指引下，于当年开始进行一个试点项目，建设单人行车道（SOV 车道），该项目应用于华盛顿湖的东侧，开放时间段为下午 7:00 至上午 5:00。中期报告调研数据显示，SOV 车道的实施对 HOV 车道在高峰期间的交通流量并未造成太大影响，且非高峰期间 HOV 车道的平均运行速度变化不大。然而，公众对 HOV 车道的认知程度却发生了某种程度的变化，随着未来高峰期间交通流量的持续增加，HOV 车道的建设模式亦逐渐不能满足交通需求，产生了负面的影响。

当前,部分 HOV 车道均出现了交通拥堵的状况。随交通流量的继续增长,交通堵塞问题会逐步恶化,并最终限制 HOV 车道的发展。华盛顿州交通运输部绩效政策要求高承载专用车道平均运行速度需保持在 45mile/h 以上,且使得至少 90% 的车辆在高峰期间能够通畅运行。此时,便出现了不满足该政策标准的地段。如图 5-27 所示为出行区域的 HOV 车道在早高峰与晚高峰运行服务水平。"绿色"区域表示交通畅通;"黄色"表示中等拥挤程度的交通水平;"红色"表明交通处于拥挤状态;"黑色"区域显示出现交通堵塞。随交通量的持续增长,高承载专用车道的交通拥堵情况将继续恶化。

随着交通拥堵状况的恶化,现有高承载专用车道的性能发挥持续减少,除非采取新的补救措施或建设交通基础设施提高道路运输效率,否则这一趋势将持续下去。之后华盛顿州交通运输部将 HOV 车道的承载标准由 2+车辆提升至 3+车辆,但交通拥堵情况并未发生好转。

(2) 管控策略

I-405 号州际高速公路与其他道路相比,在一天中的大多数时间均发生交通拥堵现象。随着交通流量的增加,逐渐出现了 HOV 车道运行效率低于普通行车道的现象,HOV 车道的设置并未有效地缓解道路拥堵状况,反而加重了交通拥堵问题。随着管控策略的发展,华盛顿州交通运输部逐步将 HOV 车道转变为快速收费车道,在贝尔维尤与林伍德市于 2015 年之前实现快速收费车道的构建,如图 5-28 所示。通过采取动态收费的原则平衡路网交通流量,当管控车道处于交通拥堵状态时,通过提高收费标准将车流量进行削减;当管控车道通行能力充足时,降低收费标准,提高道路吸引力度。

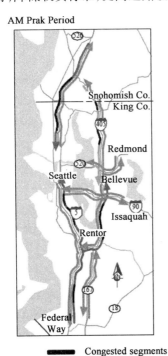

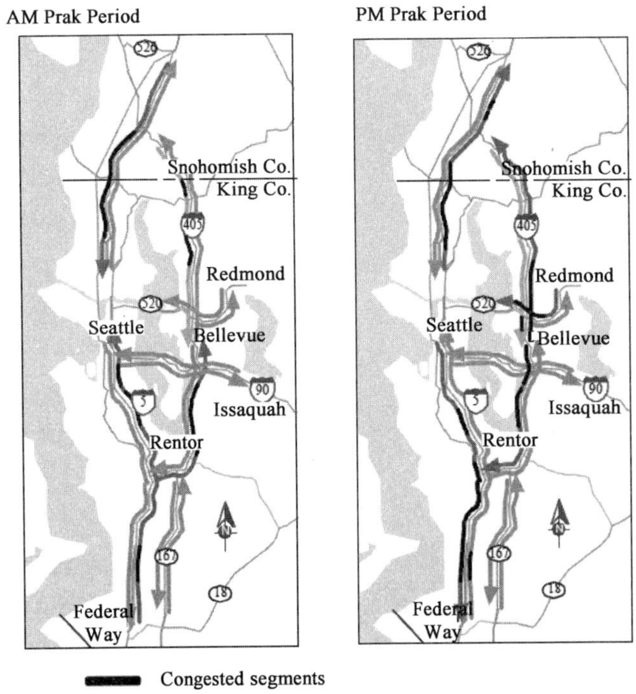

图 5-27 HOV 车道早晚高峰运行服务水平

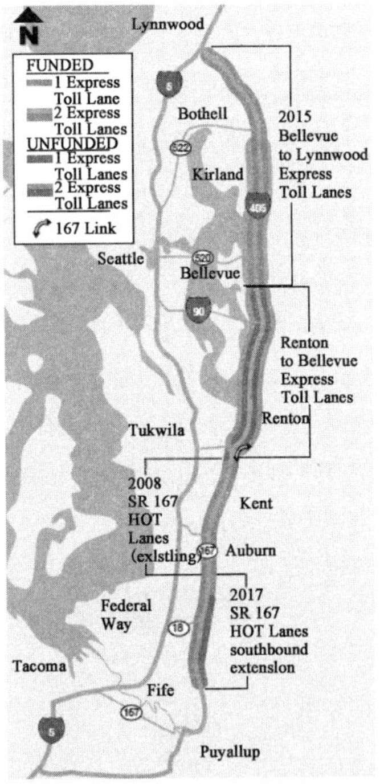

图 5-28 公路及相连公路管控形式

快速收费车道驾驶员更多的出行选择,可通过缴纳一定的费用购买 HOV 车道通行权,以避免交通拥堵现象,其管控策略形式与 SR167 HOT 车道类似。其为实现以下目标而创建:

提供快速通行的条件,道路运行车速保持在 45mile/h;

运行时间的精确性,为道路使用者提供可预估的出行时间;

可调节性,根据交通流量的大小动态调整收费费率;

提供更多的出行选择,不满足高承载率条件的道路使用者可通过缴纳费用获取通行权;

提高运行效率,增大道路运行交通量,缓解普通行车道交通压力。

在驾驶员决定进入快速收费车道前,信号装置将显示当前的收费价格。出行者可以决定是否采取缴纳通行费的方式行驶在管控车道上,或继续在普通行车道行驶。出行者可以通过固定式的匝道出入口与主线内部出入口进出快速收费车道,直接访问式的固定匝道出入口由互通式立交位置确定,主线内部出入口为固定式,只能由相应的地点才能实现快速收费车道与普通行车道间的转换。如图 5-29 所示便为 2ML/3GP 管控模式下主线内部出入口形式。

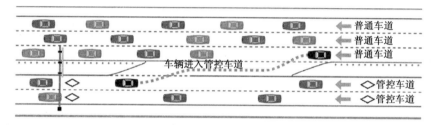

图 5-29　2ML/3GP 管控车道主线出入口形式

如图 5-30 所示,I-405 号州际高速公路由北至南采取快速收费车道至 HOV 车道进出形式及出入口位置分布,道路使用者可通过固定出入口位置进出快速收费车道,并根据初次进入收费车道的收费费率缴纳通行费用。快速收费车道通过对动态交通的实时调控平衡了路网交通流量,缓解了以往 HOV 车道出现的交通拥堵问题,提高了道路利用效率。

（3）融资模式

I-405 州际高速公路为政府投资建设项目,通过各方的提供资金对该项目进行建设,旨在研究管控车道管理形式的创新研究与深入分析。由美国华盛顿州交通运输部筹集资金建设,后期道路运营收费将用于道路的管理费用,通过对道路的养护管理质量与投入资金数据显示,快速收费车道运营模式相比高承载车辆收费模式更具有实践应用性,能够动态地调整路网交通流量。

（4）收费策略

I-405 州际高速公路采用动态调整收费的形式进行收费,通过 ETC 电子信号设备发布基于目的地的收费费率,其费率标注取决于交通拥堵状况。支付的费用取决于进

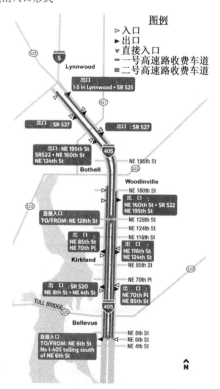

图 5-30　I-405 州际高速公路管控形式及出入点

入快速收费车道时显示的费率标准。随着越来越多的汽车进入或退出车道,该种形式的管控车道布设区域,基于动态收费利率调整,该种交通措施使得车辆平均行驶速度维持在45mile/h以上。

I-405州际高速公路仍是采用"Good To Go!"账户的收费策略形式予以缴费,不过不同的是I-405车道行驶的车辆需全部予以办理,否则通过邮寄账单的形式,将付出更多的通行费用。在平均一天的费率变化中,维持在4~74美元,随时间、通行距离、道路交通状况的变化而变化。其在通勤时段内高峰时间为上午5:00~9:00,下午为3:00~7:00。公交车辆以及高承载车辆在快速收费车道具有免费通行权,对于高承载车辆通过转换"Good To Go!"电子通行标签,以实现在快速收费车道的免费通行。如图5-31、图5-32所示。

图5-31　I-405州际高速公路收费电子板　　　　图5-32　I-405州际高速公路电子收费标签

华盛顿州交通运输局与华盛顿州交通委员协力制定高承载车辆承载率规则、收费费率,并通过制定相关法律政策引导交通流出行。华盛顿州运输局于2013年开展了广泛地征求意见听证会议,经过各部门商讨于专家组意见,建议非高峰期间三人或三人以上承载条件下具有免费通行权,在高峰期间两人或两人以上承载条件下具有免费通行权。

### 5.9.4　SR 91快速收费车道

(1)建设背景

SR 91公路位于美国加利福尼亚州奥兰治县北部,该道路是本地区主要交通运输走廊之一,同时也是最为拥挤的通勤和商业走廊。作为连接里弗赛德县、河滨县、科罗娜、圣杯纳迪诺的重要连接通道,在过去的几年中,经过投资建设,大大提高了与各地区的衔接能力,并扩大了道路影响范围。

据调查资料显示,每天通行机动车辆来往于工作地点、学校、家庭及其他目的地的客流量超过300000辆,主要集中于货车与通勤车辆,在各方向的三车道行驶已不能满足现状交通需求,且伴随着人口数量在2030年达到350万人口。预计到2035年,SR 91公路客流量将达到425000辆/d,因此线路交通压力将持续增加。

为提高SR 91公路穿越市中心区域通行效率及运行服务水平,奥兰治县交通管理局(OCTA)与加利福尼亚州交通运输部合作实施了一系列针对SR 91公路的改进计划,在各行驶方向设置HOV车道断面形式,目的是提高道路通行能力,提高运输效率,缓解SR 91公路在奥兰治县的交通拥堵问题。

(2)管控策略

SR 91道路采取高承载专用(HOV)车道管控策略,研究旨在确定HOV车道形式的管控策略下,能够保障安全稳定的行车条件,识别驾驶员的出行操作状态,降低任何不利出行的影响。

SR 91 高速公路是穿越奥兰治县内部的主要交通走廊,线路里程范围内车道数控制在双向 6 车道至 12 车道。洛杉矶县公路至 I-5 公路路段为双向 8 车道;I-5 至 SR 57 公路路段为双向 6 车道,外加辅道;在 SR 57 公路至 SR 55 公路路段于 1995 年建设了双向 2 车道的 HOV 车道,形成双向 6 车道与双向 2 车道的 HOV 车道的断面形式。在 SR 55 公路至里弗赛德县公路路段,加利福尼亚州私人运输公司(CPTC)在该路段开设了双向 4 车道的收费道路,亦称之为 SR 91 快速路,使得该路段变为双向 12 车道的断面形式。

自 SR 91 公路演变为洛杉矶县南部与奥兰治县北部高速公路与干线公路网中的重要通达干线,建设相应的平行道路以辅助 SR 91 公路发挥其路网功能与效率。主要包含以下高速公路:穿越圣贝纳迪诺、里弗赛德县、洛杉矶县的 SR 60 高速公路路;位于洛杉矶县的 I-405 号与 I-105 号州际高速公路;位于奥兰治县中心的 SR 22 号高速公路。其次还包含了一些干线性道路,主要包括:索普大街、拉帕尔马大街、林肯大街、圣安娜峡谷路和 SR 90 号公路。这些高速公路与干线公路在早、晚高峰期间处于交通拥堵状态,因此这段干线道路在高峰时期不一定能起到为 SR 91 公路分流的作用。

在圣安娜峡谷地区,居于 SR 55 公路与里弗赛德县公路间的平行分流车道大多数受到了出行限制,难以发挥其功能。拉帕尔马大街与圣安娜峡谷路是该地区的干线分流道路,是该地区通勤者出行所熟知的道路。尤其在晚高峰时期,该道路主要用于缓解 SR 91 高速公路向东行驶方向的交通拥堵问题,通勤者主要借助该道路进行"绕路"行驶,以避免拥堵。然而该道路并不能充分缓解交通拥堵的状况,通过该道路的建设仅避免了一定程度的拥挤,当车辆再次驶入 SR 91 高速公路时,其驶入节点处仍存在重大交通拥堵问题。

为提高 SR 91 高速公路运输效率,缓解交通拥堵问题,政府采取了一系列改造计划,充分发挥交通运输走廊的作用。SR 91 公路线路依次与洛杉矶县公路、I-5 州际高速公路、SR 57公路、SR 55 公路、SR 241 公路、里弗赛德县公路相衔接,因此对该线路进行了战略规划设计(至 2020 年),在现有道路的基础上,在洛杉矶公路与 SR 57 公路之间增设 2 条 HOV 车道,在 I-5 州际高速公路与 SR 57 公路之间的双向交通流各增加一条普通行车道。位于 SR 57 公路与 SR 55 公路之间路段,在 1995 年建成了双向 6 车道的普通行车道与双向 2 车道的 HOV 车道,线路战略设计预将其设计为双向 8 车道(其中包含双向 2 车道的 HOV 车道)。SR 91 公路中的末尾路段——SR 55 公路至里弗赛德县公路,早在 1995 年完成了双向 12 车道(其中包含双向 4 车道的快速收费车道),同时也将该路段称之为"SR 91 快速路"。线路概念的设计除去上述道路的扩建车道数外,将在 I-5 州际高速公路至 SR 55 公路路段设置辅助车道,完成普通行车道与 HOV 车道间的衔接,如图 5-33 和表 5-6 所示。

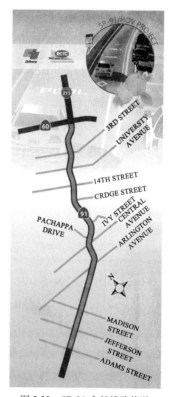

图 5-33　SR 91 全长线路状况

**SR 91 公路线路形式** 表 5-6

| 路　　段 | 1997 年管控形式（服务水平） | 2020 年管控形式（服务水平） |
|---|---|---|
| 洛杉矶县公路至 I-5 州际高速公路 | 普通双 8 车道 + 辅路（F1） | 普通双 8 车道 + 双 2HOV 车道 + 辅路（F0） |
| I-5 州际高速公路至 SR 57 公路 | 普通双 6 车道 + 辅路（F3） | 普通双 8 车道 + 双 2HOV 车道 + 辅路（F1） |
| SR 57 公路至 SR 55 公路 | 普通双 6 车道 + 双 2HOV 车道 + 辅路（F0） | 普通双 8 车道 + 双 2HOV 车道 + 辅路（F1） |
| SR 55 公路至 SR 241 公路 | 普通双 8 车道 + 双 4 收费车道（F2） | 普通双 8 车道 + 双 4 收费车道（F3） |
| SR 241 公路至里弗赛德县公路 | 普通双 8 车道 + 双 4 收费车道（F3） | 普通双 8 车道 + 双 4 收费车道（F3） |

SR 91 快速车道中央路段为双向四车道的快速收费车道，采用物理隔离设施隔离普通行车道与快速收费车道，线路全长 16km，如图 5-34 所示。重型车辆不具有快速收费车道运行的通行权，道路收费策略采取 ETC 收费策略形式，根据交通流的时变特性，以道路拥堵程度为基础，制定了道路拥挤收费策略，保障交通流运行的通畅性，道路建设融资模式采取公私合营的建设融资模式（简称 PPP 模式），即政府与私人共同建设、管理该道路。

图 5-34　SR 91 公路线路形式

在 SR 241 公路至里弗赛德县公路之间，大约 14mile 范围内，SR 91 高速公路实施了车道扩展项目，线路全程如图 5-35 所示。主要包含两种类型方案：一是在保证现有 HOV 车道形式不变的情况下，在双向车道各增加一条普通行车道；二是在双向车道各增加一条普通行车道，同时双向各增加一条快速收费车道，并实施承载人数在 3 人以上免费通行的政策。实施方案断面图如图 5-36 所示。

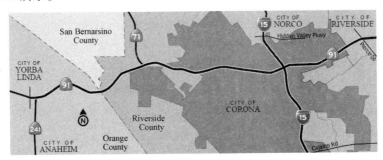

图 5-35　SR 241 公路至里弗赛德县公路路段 SR 91 线路全程

方案一
普通行车道与HOV车道

在行车道两侧各增加一条普通行车道

方案二
普通行车道与快速收费车道

行车道两侧各增加一条普通行车道，并将快速收费车道扩充为双向四车道

图 5-36　断面扩展方案示例

上述两种类型的改造方案包含了对匝道、桥梁以及主要道路连接点的改造，尤其是主要道路与 SR 91 公路的相交。在某些情况下，通过采取辅助车道的形式改善高速公路通行效率。

①设计快速收费车道背景。

快速收费车道中央断面设计主要考虑以下四方面：

a. 收费收入用于缓解项目建设支出，降低河滨县交通部门投资费用。

b. 通过对费率的变化缓解高峰期间运行交通流量，平衡路网交通系统交通流。

c. 增加驾驶员行驶路径选择，通过支付一定程度的通行费用，保障高效率、通畅的通行条件。

d. 收费的收入不仅可缓解投资的支出，也可用于道路基础设施的建设，为交通走廊的建设提供经济基础。

②建设目标。

a. 为驾驶员提供良好的出行环境，提高交通系统流动性，缓解道路交通拥堵问题。

b. 增强当地居民以及商业进出高速公路的连通性，提高出入高速公路特性，消除"断头路"的道路形式。

c. 基于道路建设的需要增加就业机会。

d. 为紧急车辆（例如救护车、消防车等）提供快捷的运行通道。

e. 减少汽车尾气排放，降低对环境的污染。

③环境影响评估。

环境影响评估的法案结果主要包含以下几方面：

a. 商业以及住宅区搬迁影响。

b. 社会影响。

c. 施工影响。

d. 自然资源消耗以及储备能源的利用。

e. 交通运输影响。

f. 视觉影响。

g. 空气质量。

h. 噪声。

国家环境政策法案（NEPA）和加利福尼亚州环境质量法案（CEQA）进行环境影响测评的流程如图 5-37 所示。

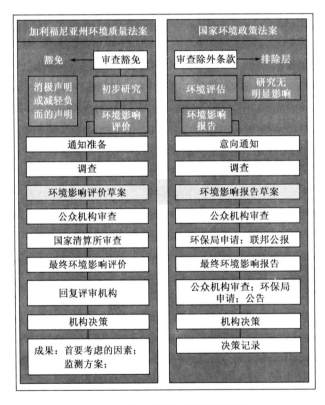

图 5-37　CEQA/NEPA 环境测评流程

（3）收费策略

SR 91 快速车道建设的创新点主要包含以下几方面：美国 50 年以来第一条利用私营资金建造的收费公路；实现了高峰与非高峰期间的道路拥挤收费策略；无需建立特定收费站，实行 ETC 电子收费形式。CPTC 并未将详细的收费金额向公众公布，但经专家研究认为，道路收费的盈利可能已超过道路建设初期的投资预算。

在 SR 91 快速收费车道运营初期，车道建设被市民视为有利于城市发展，服务于出行的应用策略。据早期的民意调查数据显示，大多数市民赞成 SR 91 公路实施拥挤收费的政策。美国加州州立理工大学的 EdwardSullivan 的研究显示,政策的实施减少了道路使用者高峰期间的行程时间,1995~1996 年,SR 91 公路向东行驶方向的机动车辆出行时间由 70min 降低至 30min。同时,普通行车道高峰期间车辆平均运行速度提高了一倍。收费策略的实施目的如下:

① 为 SR 91 快速车道使用者提供安全、可靠、可预测、稳定的通勤交通流,通过转移高峰期间交通流,缓解交通拥堵问题。

② 动态调整路网流量,保障车辆维持自由流行驶状态。

③ 将道路收费收入用于支付建设投资与日常养护管理费用。

④ 提高道路车辆使用率,缓解高峰期间的交通拥堵问题,减少行程时间。

⑤ 平衡路网交通流量,道路使用者可通过选择支付特定费用购买道路通行权,同时为高承载车辆(3+)提供免费通行权,在某种程度上降低道路出行交通量。

⑥ 偿还奥兰治县交通管理局内部借贷,对沿江高速公路、SR 91 号公路交通走廊的收入方式做出改进。

SR 91 快速路动态收费电子板如图 5-38 所示。

图 5-38  SR 91 快速路动态收费电子板

SR 91 快速车道通过采取 ETC 收费技术,制定了如下交通拥堵收费策略:

① 通过对每小时、每天及各方向、特定车道行驶交通流量实施连续性监控,将各天的数据进行汇总,以此类推进行持续监控。

② 将监测的每天、每小时、各方向、各车道行驶交通量达到 3128 辆时的时间、地点、流向节点记录下来,用于深入分析监测。

③ 若在高峰期间或者某段运行时间内,某道路行驶交通流量持续高于或低于某个流量界限时,则动态地调整收费标准,平衡路网流量。

a. 若监测系统显示平均运行车流量达到 3300 辆以上时,增加 1.00 美元的通行费用。

b. 若监测系统显示平均运行车流量达到 3200~3299 辆时,增加 0.75 美元的通行费用。

c. 若监测系统显示平均运行车流量达到 2700~3200 辆时,对道路通行费用不做控制,仍维持原收费水平行驶。

d. 若监测系统显示平均运行车流量低于 2700 辆时,降低 0.50 美元的通行费用。

如图 5-39 所示。

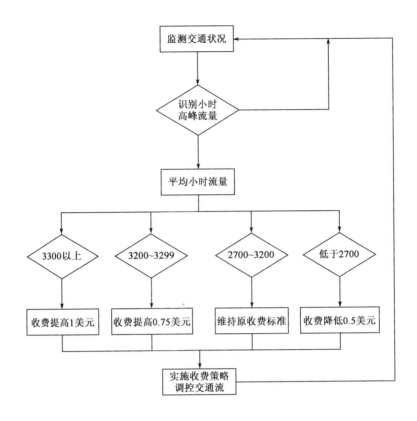

图 5-39 拥挤收费策略实施技术路线

## 5.10 展　　望

　　管控车道的运营管理策略主要包括管控车道的使用条件,包括车型条件、乘客数量、收费等,虽然美国已经有较成熟的选取管理类型的条件,但这些不一定适用于中国国情。目前,国内对于 HOT、HOV、货车专用等的管理手段用得非常少,这是由自身的经济条件、社会条件、交通条件决定的,作为缓解现有路网交通压力的一种手段,车道管理具有其优越性,也有其局限性,只有适用于自身交通特点,管控车道才能达到预期效果。因此,任何一个地区在规划采用管控车道手段时,就应该做好交通调查与适应性分析,并且制订一套完善的绩效检测与评估系统,在国外经验和自身特点中,不断摸索和完善。

# 第6章 管控车道执法管理

## 6.1 概　　述

对管控车道进行执法管理是保障其安全、高效运行的关键,而管控车道因其特殊性对交通执法提出了新的要求。本章首先分析我国常规交通管理执法的现状和体系构架;结合高占有率车道(HOV)执法管理分析了管控车道执法的经验,如法规保障、车辆驶入条件、各地执法情况、电子执法技术等;针对我国国情提出管控车道的执法智能化技术,为推行管控车道执法管理提供了保障。

## 6.2 我国道路交通执法现状

我国目前管控车道的研究仍为起步阶段,对管控车道的执法问题更是缺少研究。我国现行交通行政执法体制是以交通部、省(自治区、直辖市)交通厅(局、委)(除特别区分外,以下简称"省交通厅")为领导,以公路局、道路运输局、规费征稽局和港航局等专业管理机构为主线,以条块关系为联系,中央、省(自治区、直辖市)、地市、县、乡分级管理的架构。公安机关的交通管理局隶属于公安部,其职能范围主要是对机动车辆和机动车驾驶人的管理,以及道路交通事故的处理。在我国,公安机关的道路交通管理部门与交通局、公路局一样,也是道路交通行政执法的主体。道路交通行政执法机关的层级结构如图6-1所示。

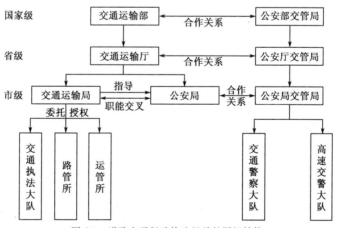

图6-1　道路交通行政执法机关的层级结构

交通运输部作为国务院主管公路、水路交通的行政主管部门,负责和监督全国的交通行政执法工作;省交通厅的主要职能是制定辖区的交通运输发展战略、法规、方针和政策,负责辖区的交通行政执法工作。各专业管理机构是相应专业的行业管理职能的具体执行者,各个专业管理机构的主要执法职能是:公路局(处、段)主要负责辖区内的公路路政执法工作;道路运输局(处、所)主要负责辖区的道路运政执法工作;公路规费征稽局(处、所)负责辖区的公路规费征稽工作;港航管理局(处、所)负责辖区的航道行政、水路运政、港口行政、船舶检验和水上安全执法工作;交通运输部直属海事局负责辖区的水上安全、船舶检验等执法工作。如表6-1所示是道路交通行政执法主体的职能范围。

道路交通行政执法主体的职能范围　　　　　表6-1

| 部门 | 职能范围 |
|---|---|
| 交通局 | 主要是负责公路、水运港口及航道、地方铁路的运输行业管理、交通规费(养路费、通行费等)征稽管理、规划建设与保养维护等 |
| 公路局 | 负责相关地区公路的交通规费(养路费、通行费等)征稽管理、规划建设与保养维护等 |
| 交管局 | 交通警察属于公安系统,主要负责道路安全管理和机动车、驾驶员的管理 |

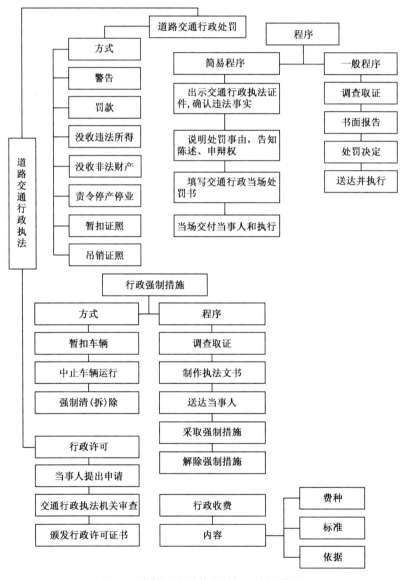

图6-2　道路交通行政执法内容方式及程序图

由于机构设置和行政执法的相对独立性,以及各自单位部门利益的影响,造成交通行政执法的效率较为低下。目前被允许合法上路的公路路政、运政、规费稽查等机构,各自行使自己的职责,管理范围各有侧重,使用的法律、法规各不相同,工作中不能很好地配合,有时同一性质的行政执法,或同一类型的行政执法,有两个或两个以上的独立单位同时行使行政执法职能,或同一个单位内有多个行使不同行政执法职能的部门。就交通部门内部来讲,路政、运政、规费稽征等单位机构分设,职能交叉,各自执法,规费种类繁多,公路养路费、运输管理费、客货运附加费、各种代征费等多种不同门类的收费,严重影响了执法效果。

我国道路交通行政执法流程如图6-2所示。由于处罚过程中缺少监管,也导致我国道路交通执法存在不规范的问题。未来管控车道的执法是基于现有道路交通执法的政策和技术之上的,我国管控车道的执法需要在借鉴国外先进经验的基础上开展研究。

## 6.3 国外管控车道执法经验

### 6.3.1 美国 HOV 车道保障法规

早在20世纪70年代,美国很多州就制定了合乘出行的相关法律,地方性的法规更是不胜枚举。1978年美国国会通过了《地面交通援助法》,要求联邦政府交通部长帮助各州和地方政府革除法律上和管理方面的障碍,以推进共同乘车计划。许多地方政府制定了减少出行法令,推动开发商和企业设法降低其开发区独自开车上班的百分比。美国合乘车道的建设更可以为我国提供有益的经验借鉴。1991年,在环保与交通部门的共同努力下,美国开始立法推动合乘车道等一系列有助于减少空气污染的运输措施。加利福尼亚州是最早开通合乘专用车道的地区之一,目前其合乘车道为1410mile,大约占该州公路系统的2.78%。洛杉矶市的合乘车道为513mile,占公路系统的36%,为全联邦合乘系统最大的城市之一。2000年美国合乘车道里程数较1990年增长约280%,各城市的合乘车道网络已成形。2007年美国合乘车道里程数较2000年又增加约40%。美国西雅图地区的一项研究结果表明,一条合乘专用车道,在相同时间内比普通车道多运送15%乘客。自华盛顿合乘车道系统规划实施后,上下班高峰时期几乎所有的合乘车道都实现了车速在90%以上的时间保持约72.4km/h(45mile/h)的目标,采用合乘方式出行的居民出行时间大大减少。对于合乘车道中车辆乘客数达不到规定数量的处罚,美国各个州有不同的处罚标准。

### 6.3.2 美国 HOV 车道驶入条件的规定

HOV车道(High Occupancy Vehicle Lane),即高承载车辆车道,是美国、加拿大等国家为提高道路使用效率、缓解交通拥堵、促进交通节能减排而采用的交通管理措施。

美国交通部联邦公路局规定下列车辆可以使用 HOV 车道:公共汽车;车辆承载不少于一定人数的合乘车辆;8座或8座以上客车(不限人数);经向当地交通管理部门申请、审批,获得许可,在车体上张贴有 HOV 标志的车辆,包括按固定线路运营的运输公司车辆、校车、公益性客运车辆等;经申请、批准、在车体上张贴有 HOV 标志的新能源车;摩托车原则上可驶入 HOV 车道。

美国交通部授予各州交通局在确保 HOV 车道车速维持在 45mile/h(约 72km/h)以上的前提下,根据实际情况决定 HOV 车道驶入车辆的限制条件,包括是否允许新能源车、摩托车驶入 HOV 车道等。以华盛顿州为例,该州除规定公交车、合乘车可使用 HOV 车道外,还有以下规定:混合动力车和其他新能源车与普通车同样,须承载 2 人以上才可驶入 HOV 车道;执行紧急任务的车辆可不受乘坐人数限制使用 HOV 车道;总质量超过 1 万磅的货车不得使用 HOV 车道;拖车在能保持一定速度且总质量不超过 1 万磅的情况下可使用 HOV 车道。

美国 HOV 车道多设于最内侧车道,以标线、软质弹性杆或护栏与普通车道区隔。HOV 车道上行驶车辆需遵守特定的交通规则,并且只能在进出口路段或者有白虚线、可变道的路段驶入或驶出 HOV 车道。

### 6.3.3 美国各州 HOV 车道执法现状

管控车道设施的执法策略根据设施类型和设计的不同而不同,如 HOV 设施与 HOT 设施的执法策略不同,栏栅隔离和缓冲隔离的设施执法策略也不同。美国管控车道设施的执法策略可以分为以下四种:常规执法、特定执法、选择性执法及自我执法。

常规执法是指使用现有普通公路的执法资源来巡查管控车道;特定执法是指使用专用的设施和人力来巡查监管管控车道;选择性执法是指上述两种策略相结合,在特殊事件或者关注时期使用特定的执法手段,例如新管控车道设施的开放或者为了降低高违法率时,日常时段使用常规执法手段;自我执法策略依赖自我执法的概念,如鼓励市民通过管控车道用户和相邻普通车道上的监控设施进行监督和自我约束。

有效的管控车道执法经验及其发展需要理解现有的车道管理执法程序和责任机构。现有管控车道执法管理的成功案例,分别在加利福尼亚州和得克萨斯州的休斯敦及达拉斯的奥兰治县和圣地亚哥县。"HERO"的自我执法管理首先在西雅图、华盛顿发展,然后作为一个公共关系工具取得成功。明尼苏达州明尼阿波利斯市是对 HOV 车道的执法管理效果不理想的案例。在加拿大的多伦多的一个 HOV 车道执法管理案例中,使用的技术提供了未来管控车道执法管理的一个方向。以美国加利福尼亚州为例,加利福尼亚州 SR 91 和 I-15 公路是管控车道执法管理的典型案例。

各州巡警担负 HOV 车道的执法职责。巡警发现不符合 HOV 车道使用规则的车辆驶入 HOV 车道,可拦截并开具罚单,一张罚单罚款金额为 124 美元。同时 HOV 道路使用者被赋予相互监督检举的权力。HOV 车道使用者可以通过互联网或拨打专用电话检举违规使用 HOV 车道的车辆,提供车牌号、车辆详细特征、违法时间、地点等信息。车主第一次被举报,将收到交通管理部门寄出的 HOV 宣传手册,第二次被举报将收到州交通局的信件通知,第三次被举报将收到州巡警寄出的信件通知。巡警可利用这些检举信息有针对性地执法。

加州福尼亚州对管控车道有相当丰富的经验。加利福尼亚州公路巡警(CHP)对州内的 HOV 车道进行执法。除了 SR 91 和 I-15 公路,CHP 一般不协助执法人员监察车辆承载率。有限的人力资源必须将重点放在安全和其他执法责任等问题上,HOV 车道的执法被认为是不当班警察的加班工作。

奥兰治县的 SR 91 快速车道和圣地亚哥县的 I-15 快速车道是加利福尼亚州有名的两条管控车道设施。它们都经合同约定由 CHR 提供执法服务,包括监管车辆承载率。SR 91 的合同包括CHP一天服务24h的费用,但不包括非州属的公路。I-15快速路的合同则包含CHP每天增加执法服务水平的成本。在签署这些协议之前,CHP在I-15快速车道上的执法仅限于每个月的4天。

SR 91快速车道是由私人投资,并且是国家第一条实现可变收费的道路,于1995年开放。该设施四车道,位于沿江高速公路的中间,通行费由车载快线通应答器和车道顶上的读取器电子化收取,费率随着时间而变化,以确保在高峰时段道路畅通。任何装有应答器的路过车辆都可以使用快速车道,没有应答器的车辆则禁止通行。装有应答器并载有3个及以上乘员的车辆可以减少费用,有一条特定车道允许3个以上乘员的车辆绕过自动收费设备,SR-91使用视频监控设备来验证车辆承载率,当车辆通过位于设施中间点的检测仪展台时,通过图像记录的方式评估适当降低的费用。CHP对未装应答器的车辆违法通知通过邮件发送引出,与违法停车的使用方式类似。

1996年12月,I-15快速车道作为收费的HOV车道/HOT车道设施开始运营。该设施有两条可逆车道,最初局限于拼车,有2个以上乘客的车辆、摩托车和救援车可以使用。CHP执法最初靠人眼识别2个或2个以上乘客的车辆、摩托车、巴士,以及明显可见的准入车辆。这个项目的准入问题初期只是简单地使用彩色贴纸,并随着进入下个月而变化贴纸颜色,后来被电子应答器取代,它们都可以用来为快车道用户收取月租费。

CHP执法水平的显著提高始于HOT车道运营的第一天。执法工作是和圣地亚哥政府协会(SANDAG)合作,SANDAG建立了一套特定的不同执法水平的方案。摩托车更适合作为执法车辆,因为它们在栏栅隔离、可逆双车道的设施中灵活性更强。单乘员车辆(SOV)的违法率明显减少,这与CHP在该设施的执法贡献有关。

1998年3月,快线通系统使动态收费设施全自动化。载有2个或2个以上乘员的车辆以及其他有权限的车辆可以免费使用管控车道设施,而单乘员车辆(SOV)则需要支付费用。快线通应答器和(车道顶部的)接收器可以评估所需费用,费用会根据道路拥挤情况变化。CHP仍然负责I-15快速路的执法任务。由高速公路巡警巡查和使用电子监控设备一起监察独驾车辆是否是快线通的合格用户且支付了所需路费。

2006年,美国佐治亚州处罚违规进入合乘车道的非合乘车辆的标准为:第一次违规进入合乘车道罚款75美元;第二次违规进入合乘车道罚款100美元;第三次违规进入合乘车道罚款150美元;第四次违规进入合乘车道罚款150美元,并且对驾驶员进行处罚记录。

2010年弗吉尼亚州对于合乘车辆乘客不足规定的处罚为:第一次违规罚款75~125美元;第二次违规罚款200~250美元,并且对行驶记录处罚3分;第三次和第四次违规罚款分别为500美元和1000美元,分别对行驶记录处罚3分。

## 6.4 交通执法智能化

随着智能交通的发展,交通管理逐渐走向智能化,由电子监控、通信、数据存储等技术等组成的电子警察系统已经在世界范围内得到广泛应用。管控车道作为以管理为主要特点的车道设施,电子化、智能化执法技术显得尤为重要。结合我国的道路执法实际,管控车道采用智能化信息化执法是可以预见的,也是必须的。管控车道执法内容除普通车道外,还有违反承载率规定、运行时间、出入口规定等特殊执法内容,故采用先进的监控、处罚方式是管控车道成功运营的关键环节。

### 6.4.1 车道监控系统

1997年,英国第一个建成并运行公交车专用道无人摄像执法系统。该系统通过在公交专道起始端埋置传感器检测是否有车辆驶入,并在专道沿路布置多个摄像机,当有车辆驶入公交专用道时,通过电控单元开启摄像开始捕获视频图像,当车辆驶出专用通道时,关闭摄像单元。同时安装两个车载摄像头分工合作,分别拍摄车道运行情况和锁定车牌信息,一旦发现道路违规情况,将由监控人员开启车牌锁定摄像头,以此检测检测违规车辆。该系统在公交车专道管理和执法中取得了很好的效果。

基于视频的车载公交车专用道监控系统系统,通过使用车载GPS定位装置判断公交车是否驶入其专用道区域,一旦符合监控满足条件,开启监控系统。通过车载摄像头拍摄公交车行驶过程中的公交车专道的视频图像。数字图像处理技术主要包括图像变换、图像增强、图像压缩、图像复原和图像分割等技术。系统从CCD摄像头获取公交车行驶途中拍摄的原始视频图像,该视频中的图像为彩色图像,数据信息量大,包含的噪声较多。应用时先做图像预处理,将原始图像转化为灰度图像,采用大津法(Otsu's Method)进行自适应阈值分割,做二值化处理,再运用数学形态学的开启和闭合,进一步消除图像中噪声,增加了车道线区域联通性,以利于车道内物体识别。通过霍夫变换提取行驶的公交专道区域,再对该区域内车辆进行监测。当监测到违规车辆驶入时,作出相应的处理,包括最近数帧图像数据存储、记录时间和地理位置、识别车牌号等,并将相关信息通过无线网络传回控制中心。

车道监控系统功能示意如图6-3所示。

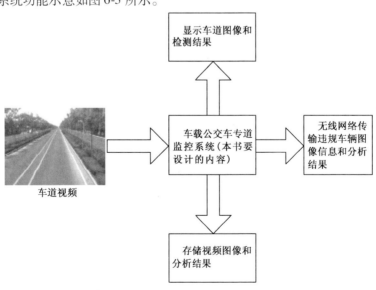

图6-3 车道监控系统功能示意图

### 6.4.2 电子警察技术

"电子警察"即"闯红灯自动抓拍系统",作为智能交通系统的重要组成部分,通过对机动车路口闯红灯这种极易造成恶性事故的交通违章现象进行自动监测记录,做到路口交通管理的无人值守、不间断监测,车辆违章证据充分正确。

"电子警察"是目前世界各国大、中城市普遍采用的一种现代化交通管理手段。交通违章行为,是造成交通事故、交通拥堵的主要原因,也是交通管理的重点之一。城市中交通路口众多,交通流量大,对诸如闯红灯交通违章行为进行监测、取证,从而建立电子警察系统是非常必要的。电子警察系统形成强大的威慑效果,可以促使广大驾驶员不敢随意违章,这既保障了交通安全,减轻了民警的劳动强度,又解放了大量的纠违警力,以便其用于处置突发事件。因此,建立有效的电子警察系统是交通管理现代化的重要标志之一。

典型的电子警察系统通常是由系统控制、违章车辆检测、拍摄、传输以及辅助配套设备等几部分组成。如图6-4所示为现在普遍使用的电子警察系统的基本结构。

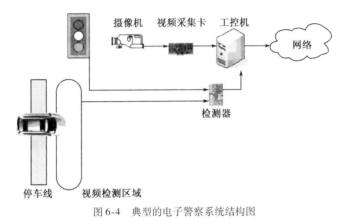

图6-4 典型的电子警察系统结构图

### 6.4.3 商业智能执法技术

商业智能(Business Intelligence,简称BI)又称商务智能,是利用数据仓库、联机分析处理和数据挖掘等技术,对海量的、分散的、多样化的数据进行一系列整合、加工、提炼来发现潜在的、有用的知识来辅助决策制定的过程。商业智能的核心技术包括数据仓库、联机分析处理(OLAP)及数据挖掘。数据仓库是一个面向主题的、集成的、随时将变化的、非易失的、用于进行战略型决策的数据集合。数据仓库能够有效地存储和管理各类数据信息,以提供一个集成的、可靠的和一致的统一视图。联机分析处理(OLAP)是一种分析技术,具有汇总、合并和聚集功能,以及从不同的角度观察信息的能力。数据挖掘是从大量的、无规律的、有噪声的数据集中提取或"挖掘"出有效的、可理解的、潜在有用的知识。

基于交通违法的执法智能系统就是利用商业智能的一系列方法、工具与技术来整合、加工、提炼各类交通违法数据以便于辅助交通执法决策的系统。基于交通违法的执法决策系统体系结构如图6-5所示,包含数据源层、数据存储层及数据分析层。数据源层中的数据主要来自通过电子监控技术、现场执法等方式查处的各类交通违法数据。数据存储层是系统的核心部分,包括数据的 ETL(抽取、转换、装载),数据质量控制,数据粒度控制及元数据管理等,主要实现将大量交通违法数据源通过一定规律的抽取、转换、集成、装载等操作形成统一的信息存储在数据仓库中。数据仓库中可以使用表分区(如时间分区、列表分区、散列分区等),位图索引及物化视图等技术来存储这些信息,以提高其访问查询效率。可以根据执法中实际的需要,进一步细化各个主题,形成多个主题表,据此从数据仓库中选出多个数据子集,形成数据集市。数据分析层是面向决策应用的,是在数据仓库基础上进行的实时查询、各类违法报表的生成、OLAP、数据挖掘等一系列操作,以便为执法决策提供依据。

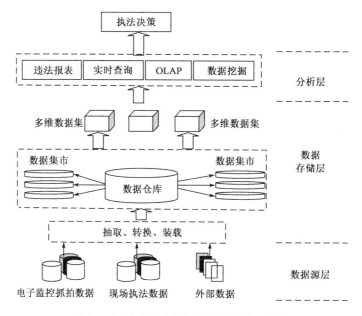

图 6-5　商业智能技术的执法决策系统体系结构

本系统在数据存储层中进行 ETL 以及数据仓库建模使用数据仓库构建器 Oracle Warehouse Builder 11g(OWB),数据仓库使用 Oracle Database 11g,在分析层中使用 Analytic Workspace Manager 11g(AWM),执法决策层面使用 Oracle Business Intelligence Enterprise(OBIEE)。

### 6.4.4　美国电子自动执法技术

管控车道执法的技术的作用正以不断加快的速度增大。多年来,ITS 技术作为各种交通需求管理(TDM)项目中的一部分,已经在道路监控领域得到有效应用。在早期,事件检测和快速响应时间是事故管理和救援服务效率的关键,它们是监控技术应用和管控车道设施执法的前身。

管控车道的执法自动化可以使用多种 ITS 技术,包括速度检测、路面嵌入式的车辆检测、摄像机监控和集中交通管理中心等。成功的管控车道设施执法需要执法机构有判断特殊车辆的能力,且在必要时检测车辆的承载率。可以通过技术创新如车牌识别和视频影像技术来实现这些目标。管控车道的执法技术包括自动车辆识别系统(AVI)、电子收费系统(ETC)、车牌识别系统(LPR)和视频承载率执法。

目前,接近 30 家私人公司提供车牌识别系统(LPRS),这种技术被广泛用于管控车道设施收费的自动评估和执行。费用收取通常使用电子收费或者人工收费。当收费违法行为发生,LPRS 系统被激活,违法者的车牌号会被记录存储,或者通过标准的拨号电话线、手机连接、广播、以太网传输到管理中心。更多先进系统可以与图像捕捉技术相结合,评估机动车的注册信息,并通过邮箱打印和发布违法单。这种技术的优点是具有高可靠性,根据报道,其近乎完美的识别率达到 99.5%,且受恶劣气候条件,包括雷雨天气的影响较小。

自动车辆识别系统(AVI)的电子应答器具有高可靠性,即使车辆在超速的情况下,准确接收和传递车辆信息率也达到 99.995%,先进的错误检测和校正保证了信息传送的精准,车道识别技术保证了应答器可以忽略 AVI 读取到的临近车道车辆信息。

还有检测车辆乘客数量是否满足 HOV/HOT 设施要求的技术,HOT 车道设施允许不满足乘客数要求的车辆支付费用使用,执法者需要观察车辆内乘员的数量。典型的方法有安装三台或更多带有人工照明的摄像机,分别抓拍前面风窗玻璃图像、侧面车窗图像和后侧车牌图像。当违法行为发生时,半自动的回顾程序记录并电子化保存带有车牌信息的车辆内部图像作为后期违章处理依据。

"HOVER"是一个有名的半自动的 HOV 执法和回顾系统,使用的是上述方法并已经在德州的达拉斯完成系统测试。这个系统由转换系统公司与计算机识别系统公司合作发展而来,安装在 I-30 逆向 HOV 车道,它被证明为涉嫌违章者邮寄 HOV 教育信息是有效的。测试结果指出实际使用执法拍摄系统还需要各种增强功能,例如更高质量的视频摄像头、降低视频信号传输损耗、增加摄像机视图以及用于车辆鉴定的更优越的车牌识别技术。

增加的摄像机视图可以增强系统,但是对于捕捉车辆座位上的矮小乘客或者儿童仍存在困难。显然,小窗户的车辆给系统带来的问题更明显。

自动车辆识别领域的研究让新的技术得到发展,如 Pearpoint 公司的高速条形码扫描器。Pearpoint 公司因车牌自动识别(ALPR)的硬件和软件创新而闻名,他们为联邦客车安全管理署(FMCSA)开发的新的高速条形码读取进行了试验,并对其是否能有效识别和追踪商用车辆进行了测试。

最初管控车道设施上客运车辆的收费是利用 AVI 牌照技术,这项技术被设想为 AVI 牌照的潜在替代品。Pearpoint 公司的系统使用了一种先进的摄像机与脉冲红外照明相结合的技术,具有超快的快门速度可以在高速公路上抓拍清晰的图像。计算机软件发展到以每秒 60 帧的速度检查每个字段的视频,并确定是否存在条形码图像。如果检测出了条形码图像,该图像会被从较大字段的视频中电子剪切出来并通过条形码阅读器读取。一个车辆的条形码识别系统可以提供与 AVI 系统所得到的相同的信息。

## 6.5 展　　望

随着电子执法技术的不断更新,电子警察和卡口设备已经是各个城市交通系统的一个重要组成部分,管控车道的执法与其他车道的执法是类似的,只是处罚条件有所不同。国内公交专用道的执法目前也多采用电子警察抓拍罚款的方式,这同样适用于货车专用道,但对于

HOV、HOT车道则比较复杂,需要识别乘员数量和判断付费信息。

虽然以目前的图形识别等技术可以解决成员数量的判定问题,但是需要占用较多的资源,数据分析量的增加较多,这给整个电子执法系统造成较大压力,因此如何有效识别准入车辆的乘员数与付费信息,而不用占用过多执法系统资源,这是HOV、HOT车道执法的难点,也是推广应用HOV、HOT车道所面临的一个主要问题。

# 第7章 管控车道交通安全管理

## 7.1 概述

交通安全管理是保障管控车道交通安全、高效和畅通基础。本章阐述了管控车道交通安全管理的含义,结合管控车道交通安全管理性质分析了其重要性,预测了管控车道安全管理发展方向;阐述了管控车道交通安全管理的内容,涵盖了交通事件监视处理、管控车道交通安全因素分析、交通事故应急管理等;从管理机制的完善、人才培养、信息系统建设、基础条件建设等方面对管控车道安全管理提出了适合我国国情的对策。

## 7.2 交通安全管理内涵

### 7.2.1 管控车道交通安全管理的含义

管控车道交通安全管理,是指政府通过制定和实施相关的政策法规,规范管控车道上的交通行为,维护管控车道的交通秩序,保障管控车道的交通安全和畅通的行政执法管理活动的总称。

国内外大量的实践已经证明,只有科学地应用管控车道一系列现代化的管理系统,集中、统一、高效地进行交通安全管理,才能充分发挥管控车道快速、方便、舒适、安全、经济的效益。只有认识到管控车道行车速度高、通行能力大、设备完善的特性,建立一套不同于一般公路的法规体系,成立集中、统一、高效的管理机构,进行现代化的交通安全管理,才能体现管控车道的特色,充分发挥管控车道作为现代化交通设施的巨大潜力。

(1)管控车道交通安全管理的性质

管控车道交通安全管理既有行政管理的性质,又有技术管理的性质。

管控车道交通安全管理是一种专业化的行政管理。行政管理是管理的一种,它是指国家根据宪法和有关法律,通过行政机关对国家事务进行管理的组织活动,是国家行政权的运用和实施。管控车道交通安全管理是一种专业化的行政管理,它以人、车、路、环境为管理对象,以实现管控车道安全、畅通为目标,研究管控车道交通安全管理活动规律,探求有效地提高管理效率的途径、方法,从而建立科学的管控车道交通安全管理体系,提高管理效能。

管控车道交通安全管理是一种科技含量高的技术管理。管控车道交通安全管理的技术管理性质,包含两层含义:第一,是对与交通安全相关的技术性因素的管理,如驾驶员培训质量的检查、车辆的技术检验、道路安全设施的技术监督与检查等;第二,是指管控车道交通安全管理具有技术密集型管理的特点。以监控、通信等系统为代表的信息跟踪系统体现了管控车道交通安全管理的智能化方向,它们是适应管控车道管理特点而产生的,同时,也是管控车道交通安全管理区别于普通公路安全管理的关键之一。

(2)管控车道交通安全管理的意义

①有效的交通安全管理,能创造良好的管控车道交通秩序,既有利于收费任务的顺利完成,又有利于维护公路交通部门的良好形象,对公路交通的发展有着重要意义。

②有效的交通安全管理,使运输工具的效能得以充分发挥,管控车道的利用率得以提高,投资环境明显改善,对国家经济效益和社会效益的提高有着深远的影响。

③管控车道交通安全管理通过各种有效措施,确保行车安全,最大限度地减少人员和财产损失,保障了国家和人民的合法权益。

④管控车道交通安全管理对打击犯罪,维护社会治安也有着重要的意义。

## 7.2.2 管控车道安全管理发展方向——智能交通系统 ITS

智能运输系统是目前世界交通运输领域研究的前沿课题,它是在当代科学技术充分发展进步的背景下产生的。根据美国交通工程学会(1991年)在其出版的《交通工程手册》中的定义,智能运输系统(ITS)是将先进的检测、通信及计算机技术综合应用于汽车和道路而形成的道路交通运输系统。ITS 的研究目标是使车辆和道路的功能容能化,提高运输效率、保障交通安全、缓解交通拥挤、改善行车安全、减少环境污染等。ITS 可以大幅度地提高现有公路网络的通行能力和安全性,代表着道路交通科学的发展方向,可以从根本上改变现有道路交通的技术面貌,使道路交通科学技术实现新的突破和更大的发展,同时可以减少交通拥挤和交通事故,提高劳动生产效率,强化国际竞争力,并增加未来的新产业。

利用高科技、计算机技术、通信技术等手段改进通信、收费、监控等机电设施的系统工程来发展管控车道,其目的是解决交通阻塞,提高行车安全和服务质量。

(1)信息设备

智能公路体系的灵魂是信息设备,采用设于管控车道上的车辆检测器,每当车辆通过时,它可将信息输入中心电脑。车辆检测器可能使交通阻塞减少一半,交通事故率有望降低80%。当交通拥挤时,中心电脑即指示管控车道延长红灯时间,同时还可以用电子显示牌向驾驶员显示交通阻塞情况(程度、范围及采用哪条行车路线),此外中心电脑也可启动路旁闪光装置,通知驾驶员收听当时当地交通电台广播,以便因地制宜地选择行车路线。

此外,还可使用在路旁的红外线发射站,自动向驾驶员报告前方交通运行状况(德国),或使用超高频无线电信号报告公路交通情况,此信号能在汽车安装的荧光屏上清楚地显示出来(美国)。

汽车信号接收系统可将交通情况图、行车路线和车辆本身所处位置显示在屏幕上。如果将行车线路插入电脑,此系统还会为汽车自动导航(日本)。

为疏导繁忙交通,除发展全国性数字传送广播和地区交通情况广播外,还可在公路旁埋设感应线路,驾驶员需要时可随时呼叫(欧盟)。

此外,在每部汽车里还安装有一种独立工作的车距报警器,如车辆之间的距离到很小时,后车会自动降低速度,保持与前车安全距离,以避免车距过近而发生追尾事故;有的还采用卫星来指挥远距离客货运输(日本)。

(2)自控系统

自动化车辆导向系统的总称(AVG),它可协助驾驶员识别险情,无人驾驶车辆驶过路面时,从交通信号灯接收指令,通过电子装置连接,模仿前车行驶,既不会发生交通阻塞,也不会发生交通事故。目前,日本丰田、日产等公司正在开发利用自动化车辆导向技术,荷兰 TNO 一研究所人员已开发出一种装有车道控制装置、险情控制装置和导向系统等最新技术的小汽车。

(3) 自动收费系统

随着信息技术与电子技术的飞速发展,道路收费策略系统具备了技术上的突破。自动收费系统即全自动不停车收费系统,通过利用电子收费技术与设备,对道路使用者在特定区域或路段征收一定程度的费用,采取有偿使用该道路及其附属设施的系统策略,这种收费系统的目的是调控整体路网的交通流量。目前,道路自动收费系统主要有以下三种技术方式:基于 DSRC 的电子收费技术、基于车牌识别的电子收费技术和基于 GPS 与 GSM 的电子收费新技术。

① 基于 DSRC 的电子收费技术。

将基于 DSRC 的电子收费技术应用于道路收费策略受美国管控车道策略实践应用的普遍关注,该种方式的优点是在技术上较为成熟与稳定,成本相对较低,容易被广大民众所接受,已成为收费策略实践应用的主流技术,其中该种技术的实践应用便是 ETC 电子收费系统。

基于 DSRC 的收费技术道路收费系统主要包含如下几个部分:车辆识别子系统、中心区域交通状况信息采集子系统、中央处理子系统与违规处理子系统。其中车辆识别子系统主要负责对驶入限制区域的车辆进行识别与确认,并将出行者车辆采集信息传输到中央处理子系统;中央处理子系统以中心区域交通状况信息子系统采集到的交通状况信息为基础,结合预先建立的费率模型计算道路收取费用,继而在出行者的现金卡或银行账户上予以扣除。与此同时,根据车辆识别子系统确立的信息识别车辆是否有违规现象,继而将确定的信息通过违规处理子系统下达处理指令,例如抓拍违规车辆车牌等信息。车辆识别子系统也可以给违规处理子系统直接下达命令,完成违规处理。各系统间的相互协调、配合,共同完成电子收费交易以及违章车辆识别任务。其收费系统的体系结构如图 7-1 所示。

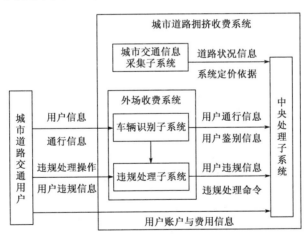

图 7-1 基于 DSRC 的电子收费系统体系结构

② 基于车牌识别的电子收费技术。

车牌识别技术是道路收费策略所采用的另一项技术,广义上讲,车牌识别技术主要包含两种形式:其中一种是以图像处理和光学字符识别(OCR)技术为基础的车牌识别系统,该方式需要在路侧安装特定的车牌识别的摄像机,将摄像机抓拍到的车牌信息予以上传,通过进行图像处理读出车牌号,明确出行者信息;另外一种车牌识别技术是基于电子车牌技术,电子车牌能够直接与路边布设设备进行通信,基于车牌识别技术的收费系统的体系结构如图7-2所示。

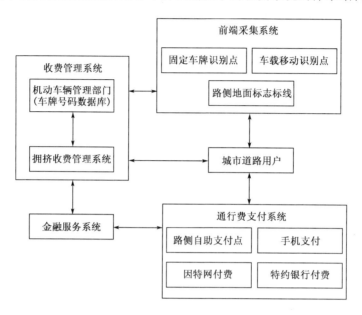

图7-2 基于车牌识别的电子收费系统体系结构

基于车牌识别技术的道路收费策略系统的工作过程为:居民机动车辆在出行前需通过通行费支付系统预先支付道路通行费用,与此同时会记录下车主的车牌号,并将其数据储存在数据库中。当车辆行驶至收费边界附近时,系统会通过安装在附近的拍摄装置自动搜集车辆车牌号,并将车牌数据传送到收费管理系统,同时车辆进入收费区域的详细时间及图片也会被记录在案,以将此作为处罚的依据。管理中心通过将缴费数据系统中的车牌号码与拍摄的车牌号码对照,以此来判断该车是否交费,若已缴费则消除系统数据库中保留的号码,若未缴费则会对车主送出罚单,予以处罚。

基于车牌识别技术的电子收费系统应用于城市道路收费系统中时不需要安装任何车载设备,操作系统只需通过特有技术手段将进入收费区域的车辆车牌号记录下来,缴纳通行费用的过程中还需通过其他渠道。与基于DSRC技术的电子收费方式相比,基于车牌识别技术的收费系统最大的优点是不需要安装车载单元,该方面能够减少一大笔的初期建设投资,但该方式的收费系统对车牌识别的精度要求非常高。

③基于GPS与GSM的电子收费技术。

随着通信信息技术的发展,一些新型的技术手段逐渐应用到电子收费系统,其中较为典型的是基于GPS(全球定位系统)和GSM(基于移动通信技术的全球移动系统)技术相结合的收费策略,目前美国已经对此方式展开了研究和应用实践探讨。

其收费体系操作过程为:以GPS与GSM技术为基础而设立的收费站为虚站点,当行驶车辆驶入虚拟收费站时,预先安装在车辆中的车载装置会自动引发通信模块,通过GSM通信系统与后台的服务系统进行信息沟通,同时车载装置会将车辆的编号、日期和时间、IC卡卡号、车主的身份证号等信息传送至后台服务系统,当后台系统确认车辆是否需缴费,经结算中心在个人的运行账户中扣款,并将交易数据储存于当前数据库中,随后将扣款信息发送至用户。对于没有交费的车辆和车道收费系统不能识别的车辆(例如车牌号与注册车牌号不匹配现象),系统会直接与执法系统联系,继而通知执法单位对其进行处罚。如图7-3所示。

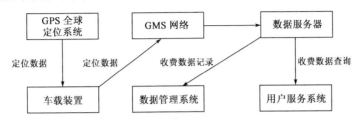

图7-3 基于GPS与GSM的电子收费系统体系结构

与以DSRC技术为基础的ETC收费策略模式相比较,基于GPS与GSM的收费系统建立的收费站是虚站点,无需要设置路边设施,能够根据道路交通状况随时调整收费站的位置和收费区域的边界。从当前应用研究分析,该种收费策略存在强大的潜在优势,采用前瞻性的眼光研究未来的道路收费系统时,基于GPS与GSM将是一种值得关注的技术方案,该系统可以实现以下五种功能:

a. 道路交通系统数据的采集。
b. 收费方案策略的优化。
c. 路径行驶诱导。
d. 提供交通信息服务。
e. 动态实时征收通行费用。

④各收费技术综合技术指标比较。

综合分析三种电子收费技术形式各自的优缺点,分别从设施建设成本、收费准确率、运营管理、技术成熟程度等层次对三种收费技术进行对比,详见表7-1。

**三种收费技术指标比较** 表7-1

| 指 标 | DSRC收费技术 | 车牌识别技术 | GPS与GSM收费技术 |
|---|---|---|---|
| 道路设施成本 | 高 | 较低 | 不需要 |
| 车载设施成本 | 较低 | 无 | 较高 |
| 收费准确率 | 高 | 一般 | 高 |
| 运营管理 | 简单 | 复杂 | 简单 |
| 技术成熟程度 | 成熟 | 较为成熟 | 不成熟 |
| 对环境影响性 | 有 | 有 | 无 |
| 受天气影响 | 无 | 严重 | 无 |
| 电磁干扰性 | 有 | 无 | 有 |
| 可维护性 | 较差 | 一般 | 较好 |
| 功能扩展性 | 较广 | 小 | 较广 |

经三种收费技术原理的综合比较,对三种技术进行如下总结:

①基于 DSRC 的收费策略技术是一种比较成熟方案,并且得到了广泛的实践应用,其最主要的缺点便是需要耗费高额的建设费用与维护费用。

②以车牌识别为基础的收费技术虽然不需要高额的建设费用与维护费用,但其技术应用亦较为成熟,但是限制该方法发展的最大因素便是车牌识别精准度。

③基于 GPS 与 GSM 为基础的收费技术相对来说较为灵活,也无需投入大量的费用建设收费设施,只需在车内安装车载设施。从收费范围分析,既适合单条道路进行收费,也适用于区域性建设的收费,可拓展性较强,因此它将演变成为今后城市道路收费的主流技术方式。

## 7.3 管控车道交通安全管理

管控车道的交通安全管理不仅关系到管控车道的正常运行,也影响到人民的生命财产、生活和工作。管控车道通常作为一条独立分离出来的车道,相对属于封闭式的交通环境,因此在车道进出入口处容易引发交通事故,在车道上一旦发生交通事故,将给救援疏散带来极大的不便,为此要高度重视交通安全管理,发生交通事故以后,应尽快排除,使之对整个道路网的行车影响减到最小。

### 7.3.1 管控车道事故监视及处理

管控车道事故监视是迅速排除管控车道交通事故、减少事故对交通流影响的基础。

根据目前我国的经济实力及道路建设情况,在近期内采用闭路电视、救援装置和紧急电话、驾驶员互助系统、公安和公路巡逻车监视事故更为经济有效,而且完全可以利用现有公路监视系统。

一旦事故被监视到,那么交通事故迅速排除便成为保证交通的关键。排除管控车道的交通事故,应由负责交通事故的公安交通管理部门负责,但更需要一支有许多机构配合默契的管理队伍,即既包括管控车道管理者、交通公安,也包括医疗、消防、救援者的有机配合。

当监控中心得知发生交通事故后,应立即通知路政、养护、公安交通管理部门及和事故有关的医疗、消防、救援单位。各方均应及时赶到现场,组成临时事故排除指挥组。交通公安管理部门负责勘查现场、疏导交通、依法处理事故;路政部门负责勘察路产损失、排除路障和清理事故现场、依法索赔路产损失;养护部门负责迅速恢复被破坏的交通构造物及设施,医疗、消防、救援部门按和管控车道管理部门签定的服务合同,及时抢救人员、灭火救援或为需救援车辆提供服务;监控室应及时发出各种控制交通的信号。总之,事故排除是一个统一的系统工作,各部门一定要各司其职、紧密配合、协调工作。事故现场勘察处理完毕后,要迅速解除紧急状况下的交通管制,恢复正常交通。

### 7.3.2 管控车道安全影响因素

在管控车道交通事故中,尽管有其他因素的影响,但人的因素无疑是最主要的。根据日本交通事故分析结果,在与事故有关系的人、车、路(公路、通行环境)三类要素中,人的因素明显占很大比例,而路和车作为事故的诱因则各占 34% 和 12%。这个调查结果说明,进一步加强对驾驶人员的安全教育是极为重要的。

在我国,驾驶员人员存在的主要问题仍是素质问题,其主要表现为下述三个方面:

(1)安全意识淡薄

随着我国机动车保有量的增加,交通拥堵日益严重,但是驾驶员在出行中的交通安全意识仍然淡薄,强行超速、随意占道、违章超车、任意超载的现象,导致不应有的交通事故时有发生。管控车道作为交通管理的一种手段,更需要用户遵守交通规则、提高安全行车意识,维护管控车道的秩序。

(2)缺乏管控车道行驶经验

管控车道在国内作为新的车道类型,由于管控车道是相对独立的设施,有指定的出、入口,以及使用限制和条件,驾驶员在使用时缺乏经验容易导致引发违章甚至交通事故。

(3)不适应管控车道管理环境

管控车道的管理环境不同于城市普通道路,它对驾驶员的约束更强,更值得指出的是,随着道路交通设施的智能化,管控车道也通常利用电子通信、监控、收费进行无人管理,而驾驶员对管控车道标志、标线的含义不清楚的时候,不能适应依靠标志牌、可变信息板进行无人管理的环境。

### 7.3.3 管控车道应急与事故管理组成要素

一个有效的管控车道事故管理计划应该对事故迅速监测、响应、清除和交流信息,使得车道设施恢复其正常的运营状态。这四个要素归纳如下。

(1)监测

一个发生在管控车道上的事件或事故的处理必须通报给响应方才算开始。监测指的是定义一个事故已经发生的能力,并能获得准确的事故发生地点、性质和问题的总览。一个事故越快被定性并作出合理的响应,这个事故就会越快被清除,使道路设施恢复正常。监测事故的发生可以采用广泛的方法和技术,这其中包括一些先进技术和更多的传统途径。以下是一些管控车道常见的监测手段:

①执法和运营人员的视觉监测:警察、客车驾驶员及其他道路运营人员经常能提供基本的事故监控。这些个人能通过电台向合适的组织报告情况来开启事故响应程序。

②汽车驾驶员的手机报警:手机的广泛应用提供了另一种探测交通事故的方便途径。在许多大城市地区,当地的交管局或交通服务报告会提供免费的热线电话,让出行者报告事故或其他道路问题。这一途径相对来说是一种低成本的获取道路状况的方法,但这种途径获得的信息的准确性可能并不是最高的,因为汽车驾驶员通常并不总是知道确切的事故地点。

③路边报警电话:部分地区安装了路边的电话报警盒让车主来报警事故,这些电话由相关机构接收并提供相应的响应。

④线圈检测器监测:常用于城市道路,检测车流量、车道占用率和速度,但这些信息多被用于后期分析,而不是实时交通监控。

⑤闭路电视监视器:视频监视器一般被间隔放置于管控车道或普通车道之间并监控一段很长的距离。CCTV作为ATMS的一部分,在控制中心设有专用显示器,已经成为监控管控车道设施的有效技术。

⑥车辆身份自动识别(AVI)和车辆自动定位(AVL)技术:AVI 和 AVL 技术也能协助监控管控车道和管控车道设施的状况。AVL 系统能在公交车辆不必要停止或行驶速度低于预期时发现问题,能用于帮助监控车辆状态和一般的管控车道交通流。

⑦先进交通管理系统(ATMS)或交互式交通管理系统(ITMS):这些系统采用先进的交通监控、监督和交流系统,将信息从设施转入中央控制中心,操作人员可利用该系统持续性地监控道路状况并处理,包括派遣应急车辆和与驾驶员沟通等。

(2)响应

当事故发生以后,需要有效积极的响应机制。依据事故性质、严重程度及事故总情况,可以采取一系列的途径,关键在于特定情形匹配的特定响应方式。表 7-2 提供了一系列可能适合不同情形的响应方式。

**事故或事件响应策略**  表 7-2

| 事 故 类 型 | 可能采用的响应策略 |
|---|---|
| 车辆抛锚(爆胎,油料耗尽等) | 道路协管或巡逻队 |
| | 专用拖车 |
| | 交警来管理交通 |
| 公交车抛锚 | 专门拖车和替换的公交车 |
| | 道路协管或巡逻队 |
| | 交警来管理交通 |
| 交通事故/没有人员受伤 | 道路协管或巡逻队 |
| | 专用拖车 |
| | 事故响应队伍 |
| | 交警来管理交通 |
| 交通事故/有人员受伤 | 紧急医疗服务和救护车 |
| | 道路协管或巡逻队 |
| | 专用拖车 |
| | 事故响应队伍 |
| | 交警来管理交通 |
| 交通事故/特殊情况(有毒物质)或有害垃圾 | 道路协管和巡逻队 |
| | 专用拖车 |
| | 交警来管理交通 |
| | 消防车介入 |
| | 事故响应队伍 |
| 积雪,冰封,洪水或其他天气相关 | 铲雪车或其他服务车辆 |
| | 道路协管和巡逻队 |
| | 事故响应队伍 |
| | 专用拖车 |
| | 交警来管理交通 |

事故所涉及的管辖权和各部门的责任分配对于高效的处理响应非常重要。根据事故严重程度和影响范围的不同,所牵扯的相关部门也各异,所以每一个部门都应提前参与到规划阶段,以明确各自在事故管理中的角色、责任、资源、沟通协定等,这在角色重叠或冲突的案例中尤其明显。在实际处理事故之外,解决这些问题可以减少冲突和混淆。

(3) 清除

事故响应过程中的这一步骤包括移除抛锚车辆、清理事故现场和将道路设施恢复到本来运营状况。表 7-2 中展示的车辆与人员一般在响应与清理事故两方面都有涉及。比如,拖车会需要去拖走抛锚的车辆,而路政巡逻队的人员会帮助燃油耗尽的车辆。交通管制和场地管理也是清楚事故过程中重要的元素。不同部门人员的角色和责任应围绕安全、高效和有序来管理事故现场。

(4) 信息交流

事故管理中的信息发布是为了让大众获知相关信息,便于提前做好出行安排,是指利用一系列的技术手段来提供实时交通信息给管控车道用户、普通车道用户或其他机构,主要提供通行用户所需要的交通问题和道路延误的信息,以及可采用的其他替代路线。交通信息发布的主要途径有:

① 广播与电视:许多城市电视台、广播台均提供早晚高峰时段的实时交通资讯。这些信息一般从公共机构、交通报告、交通监测技术收集并发送至电台统一发布。

② 可变更信息板:可变更信息板广泛应用于城市道路、高速公路上,它们可向驾驶员提供简短精确的交通状况、前方交通事故状况、可变更路线等关键信息。可变更信息板一般由 ATMS 控制中心控制,通过事先编程发布者可以轻松发布信息。如果标志板用于发布交通路径等信息,则需要提前做好选址规划,来保证驾驶员提前选择好路线。

③ 先进的出行者信息系统:随着智能交通系统的发展,越来越多的研究者着手建立实时发布交通状况的信息模型,先进出行者信息系统(ATIS)就致力于向个人提供"在路上"的实时信息。

## 7.4 我国道路交通防灾体制与措施

### 7.4.1 道路交通的防灾体制

为了应付突发性灾难,防止在异常气候时对道路交通造成危险,应对管控车道系统事先建立健全各级防灾组织,并规定各自的职责。我国目前各省(市)的防灾体制不是很统一,但一般都包括以下几种体制:

(1) 预报体制

预报体制是根据异常气象等条件估计可能出现灾害时所采取的信息收集与联络体制。根据情况在采取联络等措施的同时,还要安排联络人员,以便需要时能够召集人员、准备材料等。

(2) 警戒体制

警戒体制即气象条件更加恶化、发生灾难的危险性增加,或由于这些原因造成交通混乱时,应预先设置的体制。当局部地区发生灾害,需要在分部及总部安排必要人员和材料等,以便能够适应情况的变化。

（3）紧急体制

在出现严重灾害或发生混乱时所采用的应急体制,该体制本身要处理这些问题,同时需要时还要依赖于各方面的援助,为此分部或总部各组织的负责人要担任常驻指挥。

### 7.4.2 道路交通的灾害划分

按照灾害的严重性和对社会的危害程度、影响范围等因素,事故灾害、自然灾害等事件分为一般、较大、重大、特别重大四个级别。突发性灾害分级见表7-3所示。

突发性灾害分级　　表7-3

| 事故类别 | 一般 | 较大 | 重大 | 特大 |
|---|---|---|---|---|
| 路面系损坏 | 大面积损坏,严重影响交通 | (1)路面系坍塌,损坏严重;<br>(2)交通通行中断 | (1)路面系严重坍塌,短期内无法修复;<br>(2)交通中断和人员伤亡 | 无 |
| 主体结构损坏 | 结构部分损坏,严重影响交通 | 结构损坏较重,对交通通行造成较大影响,可能危及车辆和市民安全 | (1)结构严重损坏,危机设施安全,交通中断;<br>(2)部分设施、桥跨坍塌 | (1)越江桥梁隧道、高架道路、桥梁结构损坏严重,严重威胁设施安全;<br>(2)桥梁坍塌导致死亡和失踪人员30人以上 |
| 附属设施损坏 | 部分损坏,严重影响交通 | 损坏较重,对交通通行造成较大影响,可能危及车辆和市民安全 | 损坏严重,交通中断 | 无 |
| 附属管线损坏 | 部分损坏,严重影响交通 | (1)管线严重损坏,对路面造成严重破坏;<br>(2)周边地区交通受到严重影响,部分交通中断 | (1)管线断裂,对路面造成完全损坏,短时期内无法修复;<br>(2)大面积交通中断 | 无 |
| 由交通事故引发设施损坏及人员伤亡 | (1)重伤1~2人;<br>(2)轻伤3人以上;<br>(3)财产损失不足3万元;<br>(4)对桥梁、隧道、高架道路设施造成的损坏情况较轻;<br>(5)轻微影响交通 | (1)死亡1~2人;<br>(2)重伤3人以上10人以下;<br>(3)财产损失3万元以上不足6万元;<br>(4)对桥梁、隧道、高架道路设施造成的损坏情况较重;<br>(5)影响车辆通行情况较为严重 | (1)死亡3人以上;<br>(2)重伤11人以上;<br>(3)死亡1人,同时重伤8人以上;<br>(4)死亡2人,同时重伤5人以上;<br>(5)财产损失6万元以上;<br>(6)对桥梁、隧道、高架道路构造物的结构造成严重破坏;<br>(7)交通中断 | 死亡和失踪人员30人以上 |

续上表

| 事故类别 | 一般 | 较大 | 重大 | 特大 |
|---|---|---|---|---|
| 由自然灾害引发设施损坏及人员伤亡 | (1)重伤1~2人;<br>(2)轻伤3人以上;<br>(3)对桥梁、隧道、高架道路设施造成的损坏情况较轻;<br>(4)轻微影响交通 | (1)死亡1~2人;<br>(2)重伤3人以上10人以下;<br>(3)对桥梁、隧道、高架道路设施造成的损坏情况较重;<br>(4)影响车辆通行情况较为严重 | (1)死亡3人以上;<br>(2)重伤11人以上;<br>(3)死亡1人,同时重伤8人以上;<br>(4)死亡2人,同时重伤5人以上;<br>(5)对桥梁、隧道、高架道路构造物的结构造成严重破坏;<br>(6)交通中断 | (1)死亡和失踪人员30人以上;<br>(2)对桥梁、隧道、高架道路构造物的结构造成完全破坏;<br>(3)造成交通完全中断 |
| 火灾、爆炸、事故 | 发生火灾、爆炸,部分设施损坏,影响交通 | 发生火灾、爆炸,造成大面积设施损坏,严重影响交通 | 发生火灾、爆炸,设施损坏严重,造成交通长时间(2h)中断 | 发生火灾、爆炸,设施结构严重损坏,造成交通完全中断 |
| 化学品泄漏事故 | 无 | 发生化学品泄漏,严重影响交通,威胁车辆和人员安全 | 发生化学品泄漏,交通长时间(2h)中断,造成人员伤亡 | 发生化学品泄漏,交通完全中断,造成重大人员伤亡 |

设施管理养护单位在道路应急防灾中涉及的事件主要分为两类:第一类为造成管控车道设施损害的突发性事故(交通事故、火灾、危险品泄露等);第二类为影响道路正常交通的异常气候险情(冰雪、台风、暴雨等)。

(1)第一类应急事件的处置基本要求

①交通事故。设施管理养护单位发现交通事故造成了对管控车道的损坏或污染,应迅速组织处置,协助交警及其他相关部门进行事故处理、清理现场、恢复被破坏的道路设施。遇重特大交通事故,对一时难以修复的道路设施,应进行简易处置:造成结构受损、可能危及道路行车安全的,要采取临时交通管制措施,紧急报告行业管理部门,进行设施功能鉴定,保证道路交通安全。如发生重特大交通事故,应在2h内写出书面报告报业主等相关单位。

②火灾。设施管理养护单位发现火警,应立即拨打119消防报警电话和110公安报警电话,迅速赶赴现场,听从消防部门和公安交警的现场指挥,协助灭火抢险和交通秩序的维持,清理火灾现场,恢复道路交通。一时难以修复被损设施的,养护单位应先进行简易处置:造成结构受损、可能危及道路行车安全的,应及时采取临时交通管制措施,紧急报告行业管理部门,进行设施功能鉴定,保证道路交通安全。

③危险品泄露。设施管理养护单位发现车载危险品发生泄露,应立即拨打119消防报警电话和110公安报警电话,迅速赶赴现场,听从消防部门和公安交警的现场指挥,协助危险品清理和交通秩序维持工作,隔离车道,待消防部门等有关专业部门统一处理后,再进行设施修复工作。

(2)第二类应急事件的处置基本要求

①冰雪天。养护单位接到冰雪天气象警报,应加强领导值班,并立即与交通管理部门及行

业管理部门取得联系;发现冰雪天将对道路交通安全构成威胁时,应协助交警采取相应的道路管制措施,按照行业管理部门的指令,迅速组织处置。

②热带风暴、台风。设施管理养护单位接到热带风暴、台风气象警报,应对责任范围内的抗风设施进行一次全面检查,发现隐患,立即采取加固等预防措施;加强领导值班,随时与交通管理部门及行业管理部门保持联系,应急队伍处于待命状态;热带风暴、台风来袭时,加强巡视,检查热带风暴、台风对设施的损坏情况,如发现险情,立即采取加固、抢险措施,保持与防汛抗台主管单位的联系;热带风暴、台风过后,组织人员对管控道路抗风设施进行复查,及时修复被损坏的设施,并上报预案执行情况。

③暴雨。在汛期前,设施管理养护单位应对责任范围内的排水设施进行一次全面检查和养护,确保设施的完好;接到暴雨气象警报,应加强领导值班制度,随时与交通管理部门及行业管理部门保持联系,以应急队伍处于待命状态;暴雨降临时,加强巡视,检查暴雨对设施的损害情况,发现险情时,立即采取加固、抢险措施;暴雨过后,组织人员对道路设施进行复查,及时修复被损坏的设施,上报预案执行情况。

④地震。发生地震后,设施管理养护单位应对责任范围内的道路设施进行一次全面检查,发现结构有明显损坏、可能危及道路行车安全的,及时采取临时交通管制措施,紧急报告行业管理部门,进行设施功能鉴定,保证道路交通安全。

## 7.5 展　　望

管控车道的交通安全管理,主要是车道的安全监控以及突发事件下的应急救援处理,管控车道是一条拥有专用路权的车道,与相邻车道既相互独立,又是一个整体,车道的安全监控,可以与普通的车道共用一个事件检测系统,在管控车道或者其相邻车道发生突发事件时,均需要启动应急救援预案。

虽然美国有的管控车道采用的是固定的物理性护栏隔离,但是根据我国现有的道路交通情况,标线或者可移动的物理隔离具有更强的适用性,其相应的应急处置措施,如交通疏散、紧急救援等,也会相对容易些。这类车道的应急救援处置方法是可以沿用国内现有普通道路应急救援方案的,但仍需要根据具体的管控车道类型作出相应的修改和完善,需要结合管控车道的管理策略、车辆类型、出入口情况等具体分析。

# 第8章 管控车道路政管理

## 8.1 概述

管控车道作为一种特殊的道路资产,应由各级交通主管部门、公路管理机构进行必要的行政管理。本章阐述了管控车道路政管理的含义,从道路系统性、规范性和经济性方面分析了管控车道路政管理的意义;梳理了管控车道路政管理的各部门职责、相关人员和技术装备,从规章制度方面进行了说明;阐述了管控车道路政管理的内容和方法,为路政管理的实际操作提供了规范和技术参考。

## 8.2 路政管理意义及内容

### 8.2.1 管控车道路政管理概述

路政管理是依据国家和地方有关法律、法规,由各级政府交通主管部门、公路管理机构为维护公路管理者、经营者、使用者的合法权益,对管控车道进行的行政管理。管理对象包括人、社会组织、物质资源(路产)、时空资源、路权和信息资源。管理范围主要是管控车道两侧建筑控制区内所有范围。管理职能可概括为:保护路产、维护路权、维持秩序、保护权益。

保护路产、确保畅通是路政管理的中心任务。管控车道的路产主要是指管控车道管理部门依法管理、使用所有有形的和无形的公路财产,包括道路、道路用地、交通设施、机械设备、科研成果、专利所有权及知识产权等。所谓路权是指交通主管部门及其所属的公路管理机构依据法律赋予、为排除侵权而拥有的行政管理权和民事权益。参照我国国情,管控车道路政管理与公路路政管理相类似,但是与普通车道设施相比,管控车道具有技术标准高、道路设施完备、相对封闭、无横向干扰、管理性较强的特点。

### 8.2.2 管控车道路政管理的意义

管控车道属于现代科学技术含量高的交通运输基础设施,要用科学和先进的方法进行管理和维护,因而加强和改善路政管理工作就显得十分重要和迫切。可以说,管控车道路政管理工作对管控车道的使用和运营有着重大的经济意义和社会意义。

(1)有利于维护管控车道的系统性和完整性

管控车道及其配套设施包括:路基、路面、桥梁、隧道、排水和防护构造物、标志标线、花草树木、专用房屋、工程设施、交通监控和通信设施、服务设施及公路用地等,这些都是国家财产,均受国家法律保护。管控车道系统的完整性、完好性对其功能和效益的发挥有着重要的意义。

通过路政执法工作,利用行政强制力处理、排除各种侵占破坏路产、侵害路权行为,才能保证管控车道始终处于完好状态。

(2)有利于维持良好的运营秩序

加强路政管理,不仅能监督经营者的运营行为,还能维护收费口、出入口、事故现场、养护场地良好的工作秩序,保障管控车道运营活动顺利进行;给使用者创造良好的运行秩序,提高管控车道声誉;给经营者提供良好的运营环境,有利于吸引更多投资者,加快管控车道事业的发展。

(3)有利于提高社会效益和经济效益

通过加强路政管理,保护路产、维护路权、维护秩序,使管控车道持续、健康、高速、安全运转,减少事故隐患,节约养护开支,减少突发损失,从而可带来巨大社会效益和经济效益。

## 8.3 管控车道路政管理内容和方法

### 8.3.1 管控车道路政管理内容概述

管控车道路政管理部门依法管理的内容可概括为保护路产、维护路权、维持秩序和保护权益四个方面。

(1)保护路产

路政管理的基本内容是保证路产完好,以保障车辆完好畅通,具体内容归纳如下:

①依法制止和查处非法占用及毁坏和破坏管控车道及附属交通设施等违法行为。

②依法禁止和查处危及管控车道、桥梁、隧道安全的爆破作业,以及其他影响行车安全的活动。

③依法制止和查处损坏、擅自移动、涂改管控车道防护、排水、养护、管理、服务、交通管理、建筑物等设施和设备。

④依法禁止和查处在管控车道上及公路用地范围内摆设摊点、堆放物品、倾倒垃圾、污染管控车道环境及影响畅通的行为。

(2)维护路权

路政管理的第二项内容是维护路权不受侵犯。内容是:控制管控车道两侧建筑红线,管理跨越、穿越管控车道的各种管线和渠道,管理各种与管控车道交叉及其他涉及管控车道的路权问题。具体来说,在管控车道用地和所属空间范围内,依法建设下列构造物时,必须符合相关技术标准要求,事先要经过有关路政管理部门同意;影响交通安全的,还需征得有关公安机关的同意。具体归纳如下:

①管控车道用地范围内,架设、埋设各种管线、电缆等设施。

②跨越、穿越管控车道建设跨线桥梁、渡槽或架设各种管线或电缆等构造物。

③因抢险、防汛需要修堤坝、压缩或者拓宽河床以致危及管控车道、桥梁、隧道安全的。

④在管控车道用地和空间范围内,建设上述项目,致使占用、挖掘、损害管控车道,建设单位应当按照不低于该管控车道原有的技术标准予以修复、改建或视损坏程度给予经济补偿。

(3) 维持秩序

维持管控车道工作正常秩序,保障车辆安全通行,这是路政管理工作的主要内容之一。其具体内容为:禁止不符合条件的车辆在管控车道上行驶。努力保护管控车道完好,积极改善公路环境,提高公路使用质量,充分发挥公路的社会效益和经济效益。

(4) 保护权益

为了保护管控车道的完好,路政管理机构和从业人员,应当运用路政管理法规,依法检查处理各种侵害公路用地、破坏管控车道和设施的行为。从业人员在管控车道及公路用地范围内从事生产、执行公务时的合法权益受到法律保护。

### 8.3.2 管控车道路政外业管理

(1) 路政巡逻

路政巡逻的主要责任包括:管界内路产及标志标线巡查,管控车道建筑红线内的状况巡逻,通报路产故障车辆及事故情况,向管控车道用户提供及时的帮助。发现并处理临时发生事宜和其他紧急事宜。路政巡逻可以发现并及时地赶到事故现场,保护现场,进行紧急救援,使事故损失降到最低程度,而且还能及时发现事故隐患,积极采取有效措施,防患于未然。路政巡逻应依照法律法规规定,着装整齐,持证上岗,巡逻工具设施完好安全,分工合理,巡逻速度、密度适中,并将巡逻情况及时汇报、记录备案,以便在路政案件纠纷中能有效减小事故当日履行路况巡查义务的相关证据。

(2) 紧急突发事故中的路政管理工作

路政人员在事故(件)突然发生时,应做好以下工作:

① 救援。在现场摆放标志以防连锁反应,撤离、救护驾乘人员和伤员;抢救贵重物品和驾乘人员财产,保护路产。

② 勘察。有路产损害的,要做好现场勘察,做询问笔录,计算路产损失。

③ 拖带故障车辆。

④ 排除路障。

(3) 路政索赔与处罚

路政处罚是路政管理活动中应用较广的具体行为,它是交通主管部门及其确定的公路管理机构依据法律、法规对违反路政管理法规的当事人给予法律制裁的行政行为。路政处罚属于行政执法的范畴。

管控车道的路政管理与其他普通车道的路政管理相比并无较大不同,也应视其情节及违法结果,依法处罚。主要处罚的形式有:警告、恢复原状、返还原物、赔偿损失、罚款、暂扣行车执照、扣留营运证、治安管理处罚等,对于构成犯罪的,移交司法机关追究刑事责任。路政处罚应贯彻处罚与教育并重、预防为主的方针。

### 8.3.3 管控车道路政管理方法

管控车道路政管理方法是指为达到路政管理目标,管控车道路政管理机构所采用的各种方式、手段、技术措施的总称,它是管理活动的主体作用于客体的桥梁。一般的管理方法有定量管理法、系统管理法和心理行为管理法。在管控车道管理中,由于管理对象的特点和条件的不同,路政管理方法也应有新的内容和行之有效的形式。根据科学化、法制化的要求,路政管理方法主要有四种手段:法律管理手段、行政管理手段、经济管理手段及技术管理手段。

(1)法律管理手段

法律管理手段是通过实施各种法律、法规、规章等,调整路政管理中所发生的各种社会关系、保证公路事业发展的管理方法。运用法律手段时必须注意宣传教育和执法措施问题,因为法律手段有其局限性,在法律手段作用范围之外,还有大量的关系和管理工作去处理。在路政管理中,依法治路并不能代替其他手段,并且如果法律手段运用不当,还会产生相反的结果。在管控车道上,路政管理部门特别是监督检查人员应尽量减少到路上扣证、扣车,应大量地通过法制宣传教育方式达到管理目的;对于运输鲜活、紧急特殊物资的车辆,应在采取补救措施之后,采用先放行、事后处理的办法,总之不能滥用法律所赋予的权力。

(2)行政管理手段

管控车道路政管理是通过法律、法规及上级主管部门的授权行使的行政管理行为,主要通过国家赋予的行政命令权、管理权、处罚权和强制权来进行监督、检查,制约与管控车道发生关系的社会组织和个人。行政手段具有权威性、强制性、一致性及科学性,运用行政管理手段时应注意职权范围和使用效果。

(3)经济管理手段

经济管理手段是遵循经济规律,通过经济手段,调节和制约国家、集体、个人之间的关系,保障管控车道正常运营秩序,使其发挥更大的社会效益。在实际操作中,经济手段是对损坏路产、侵犯路权行为的具体补偿形式,它主要通过收取路产损失费、占用费、补偿费及罚款等行为来完成。对经济手段的应用要按照规定的程序进行,并对其实施情况进行监督。

(4)技术管理手段

管控车道路政管理是维护路产、维护路权的动态管理。法律规定了路政管理的目标是保障公路安全、完好、畅通。要达到管控车道路政管理目标,必须适应管控车道技术密集的特性,加强路政现代化装备,提高管理人员科学技术水平,这就体现了管控车道路政管理的技术手段。

管控车道路政管理中,法律管理手段、行政管理手段、经济管理手段及技术管理手段这四种手段是相辅相成的、相互渗透的,只有综合应用才能达到最佳效果。在实施中应注意加强法制宣传,用标语、广播、传单等形式,号召人民群众爱路护路,特别是疏通和沿线群众的关系,搞好群众共建攻关的动员;加大执法查处力度,力求处理一案,教育一片;做好出入口的管理和控制,严禁违规、隐患车辆进入管控车道行驶;加强路政装备的改善,提高反应速度和处理效率,加大路政人员的培训力度;加强和相关部门的沟通协调,特别是和公安交警协调一致,联合治理,确保安全、畅通,从而真正提高路政的管理效率和质量,发挥管控车道的效益。

## 8.4 管控车道路政管理职责、人员、设备

我国传统的公路路政管理机构可分为四个层次:第一,交通主管部门,如省交通运输厅、地县交通运输局等;第二,由交通主管部门依法设立的公路管理机构,如省公路管理局、地市公路管理局(总段)、县(市)公路管理段等;第三,由公路管理机构设立具体实施路政管理部门,如

省路政处、地市路政大队(科)、县(市)路政队(股)等;第四,由路政管理部门配备的路政人员(包括专职、兼职、义务管理员)。

管控车道路政管理作为全国公路路政管理的一部分,其体制当然要受《中华人民共和国公路法》的调整和规范。但因为管控车道在技术上、经济上、理念上不同于一般公路的特点,因此,管控车道路政管理又具有其自身的管理特性和特殊要求。根据政企、事企分开,产权清晰,权责分明,管理科学的现代企业制度的要求,管控车道的收费、经营应走公司化路子。

(1) 职责

管控车道路政管理部门的职责是维护管控车道路产、路权,保证公路安全畅通。其主要职责如下:

①负责贯彻执行管控车道路政管理的法律、法规和规章。

②负责管理和保护管控车道路产。

③依法管理管控车道两侧的建筑控制区。

④核批在特殊情况下占用管控车道和超限运输,并对其实施情况进行监督检查。

⑤维护管控车道养护、施工作业现场、征收通行费的工作秩序。

⑥参与管控车道工程的交工、竣工验收。

⑦依法查处各种违反路政管理法律、法规、规章的案件。

⑧行使法律、法规规定的其他职权。

(2) 人员

管控车道路政管理机构要切实履行保障公路安全、完好、畅通的责任,就必须从管控车道的本身要求出发,用高素质人员和先进技术设备作为保障。管控车道路政管理人员属国家执法人员,必须持有符合交通运输部规定的岗位培训考试合格证书。专职路政人员的配备,应根据各地路政业务量大小、管辖路段长度、所处环境的优劣、交通量大小差异而有所不同,由路政管理机构统一规划、配备。

(3) 设备

管控车道路政装备包括巡逻装备、清障设备、移动通信设备、勘察设备、抢险救护装备及各种作业标志等。

①巡逻装备。提供全天候昼夜不间断的路政巡逻保证。主要包括优质专用路政巡逻车、指挥旗(灯)、警笛警棍等必需装备。

②清障设备。解决管控车道因事故、故障或其他灾害造成的交通阻塞。主要包括不同型号的牵引车、大型或重型吊装车、平板运载车等。

③移动通信设备。保证路政公务信息的畅通和指挥系统的正常运转。主要包括车载台、手持台、集群电话或组网通信系统等。

④勘察设备。主要用于现场取证和记录。包括照相机、摄像机、附属照明设备及各种量测器具等。

⑤抢险救护设备。通常用于事故现场的抢险和突发事件的处理。主要包括移动式灯光导向车、指向标志、限速标志、隔离装置、路障事故标志及车道变化标志等。

## 8.5 展　　望

管控车道的路政管理,目前搜集到的国外经验并不多,考虑到各国国情不同,路政工作的执行和管理单位不同,美国等发达国家的管理经验可借鉴性并不强,由于管控车道的路政维护等工作内容与其他车道是相似的,因此可以借鉴国内普通道路的路政管理经验和方法,将管控车道与普通道路进行共同管理。

# 第9章 管控车道维护与养护

## 9.1 概 述

管控车道在使用过程中,基础设施及其附属设施会因行车荷载及环境因素的作用而逐渐损坏,这将造成管控车道服务水平的逐步下降,因此,管控车道交付使用后仍需继续投入大量的资金对各种设施进行维护,使它们各自保持一定的使用性能。本章节总体分析了管控车道养护和维修的目的和主要内容;分别从管控车道路面、附属设施等方面阐述了其养护及维修的过程、组织和评价;对养护期的交通组织和安全养护进行了阐述;构建了管控车道防灾体质并制定了应急预案;对管控车道的文明施工及环境保护提出了特别要求。

## 9.2 管控车道养护内容

### 9.2.1 管控车道养护维修的目的与特点

管控车道交通量大、快速、安全、舒适、畅通的特点要求管控车道管理部门应对管控车道及其附属设施进行经常性、及时性、周期性和预防性的养护与维修。即管控车道养护维修的目的是能够保证管控车道上的各种工程及设施,如路基、路面、桥梁、隧道以及护栏、照明、标志、监控设施等经常处于良好的技术状态,从而保证管控车道具有其可接受的服务水平。

从上述目的出发,管控车道养护维修的主要任务有:
①经常保持设施的完好状态,及时修复损坏部分,保证行车安全、舒适,以提高运输经济效益和社会效益。
②采用正确合理的劳动与技术组织措施。包括运用养路新方法、新工艺、新技术、新材料、新设备,尽量不阻车或缩短阻车时间,以节约成本,减少养护开支,提高道路使用率。
③建设一支能适应管控车道养护管理运作的队伍。

### 9.2.2 管控车道的养护作业内容

为保持管控车道及其设施的正常使用性能,恢复其原设计状态,应进行经常性的养护作业。
①管控车道作为快速车道,与高速公路类似,养护工作划分为维修保养、专项工程和大修工程三类。
a.维修维护。为保持管控车道及其附属设施的正常使用功能,而安排的经常性养护和修补其轻微损坏部分的作业。

b. 专项工程。对管控车道及其附属设施的一般性磨损和局部损坏进行修理、加固、更新和完善的作业。

c. 大修工程。管控车道及其附属设施已达到其服务周期,必须进行应急性、预防性、周期性的综合修理,使之全面恢复原设计的状态。对由于水毁、地震、交通事故、风暴、冰雪等造成的管控车道及其附属设施的重大损坏及时进行修复,保证其正常使用的作业。

②为确保管控车道良好的运作条件,提高管理水平,管控车道管理人员应收集、掌握下列信息:

a. 路况信息:包括动态信息和静态信息。动态信息是指有关公路设施的损受灾等信息;静态信息是指公路、桥梁、隧道等构造物的形状、尺寸等信息。

b. 气象信息:有关雨、雪、雾、风、冰冻等信息。

c. 交通信息:有关交通量、行驶速度、交通堵塞等信息。

③管控车道管理人员应给公路使用者传送下列信息:

a. 限制通行信息:由于灾害、工程施工、事故等原因而施行限制通行的信息,包括提供限制通行的地点、原因、时间、绕道等内容。

b. 交通阻塞信息:指有关交通阻塞以及阻塞的时间、原因、程度、区间等内容的信息。

c. 气象信息:有关雨、雪、雾、风、冰冻等信息。

④管控车道养护维修作业应重点配备巡视、清扫检测、通信、除冰雪等设备(机械)。

### 9.2.3 管控车道养护管理和养护管理系统

一般说来,管控车道养护管理是协调和控制同各种设施有关的各种活动。其目的是使管理部门在养护管理过程中有效地使用包括资金、劳力、机具设备、材料及新技术新成果的各种资源,以使资源消耗最低,使管控车道在经营期内具有符合要求的服务水平。

管控车道养护管理系统则是通过应用系统分析方法,综合考虑技术、经济、社会和政治等各种因素,协调优化各项养护管理活动,使管控车道养护管理过程系统化。它为管控车道管理部门的决策人提供了分析问题的工具和方法,分析比较各种可能的养护管理对策和方案,定量地评价和预估各项对策和方案的后效,在确定的标准和约束下,作出费用与效益最佳的决策。因此,管控车道养护管理系统的建立和实施,对减少和延缓各种设施的损坏、充分发挥和利用各种设施的功能、维护和提高管控车道的服务水平,以及养护资金的合理投向和决策的科学化具有重要意义。

管控车道养护管理对象包括管控车道路面、桥梁、交通工程设施、监控设施、服务设施以及养护、维修机械设备等硬件设施。养护管理的内容可分为日常养护、维修维护、专项工程、大修工程等几个层次。对各种设施建立养护管理系统的步骤和方法都是大体一致的。有鉴于此,并考虑到管控车道养护管理工作的重点及资金投向主要在路面方面,所以,这里重点介绍管控车道路面养护管理系统。

## 9.3 管控车道路面养护管理系统

我国路面养护管理系统的理论水平已接近或达到发达国家的水平,但在管控车道方面还有大量针对性工作有待进行,这包括提高认识、改善数据采集手段、投资上予以倾斜等。管控车道在我国的历史很短,我国尚未建立针对管控车道的路面养护管理系统,因此,建立管控车道路面养护管理系统并推广应用取得实效,是各管控车道管理单位面临的一项十分艰巨的任务。

### 9.3.1 路面养护管理系统的模块结构

路面养护管理系统的结构特点是利用路面调查数据,对路面进行定量评价、预测、效益分析、优先排序、优化决策、输出对策。每一步都以前一步分析结果为基础增加新的分析而组成,各步相互独立,层层相扣,因此,可以采用模块结构分段建立和实施,每一个模块相当于一个可区分的发展阶段,都有独立的分析结果输出,可独立地交付使用。依次建立和应用各个模块,可使系统不断扩大其功能,达到不同的发展阶段,直至形成一个完整的路面养护管理系统。路面养护管理系统的模块结构见表9-1。

**路面养护管理系统的模块结构** 表9-1

| 模 块 | 主 要 内 容 | 典型输出结果 |
| --- | --- | --- |
| 数据库管理 | 路段划分、几何尺寸、路面结构、交通量、路面使用性能、路面历史 | 路面现状报告(报表、图等形式),路面历史状况报告 |
| 养护和改建需要的分析 | 使用性能最低可接受水平、决策标准,施工性能预估模型 | 目前需要养护和改建路段,今后需要养护和改建路段,路面使用性能曲线 |
| 养护计划 | 典型养护措施和单价,养护政策(养护对策的决策标准),养护预算水平对路况的影响分析 | 各路段的养护和改建路段,今后需要养护和改建路段,路面使用性能曲线 |
| 养护和改建综合计划 | 按总预算水平协调养护和改建计划 | 各路段的养护和改建措施,养护和改建综合计划 |
| 项目及分析 | 路面弯沉和材料性质测定,改建路面结构设计,寿命周期费用分析 | 结构分析报告改建方案分析报告 |

### 9.3.2 路面养护管理系统必需的数据和数据库

数据是进行系统分析和养护决策的基本条件,有了数据才能进行路面评价、预测和费用分析。路面养护管理系统小,数据都存放在数据库中,数据库包含进行各种分析和为决策者提供报告所需要的所有数据。

在路面养护管理系统模块化设计的初期,数据库设计与研究被视为系统的中心内容。其基本指导思想就是把相关数据系统化并集中组织起来,实现对于数据定义、操作、查询以至于维护管理各过程的规范化、标准化处理,以保证数据的可靠性、一致性及安全性,为用户提供最大限度的数据共享和开发运行界面。一般具有下述功能:

①输出各种路面状况与统计数据。
②进行信息查询和检索。
③为项目级和网络级路面养护管理系统提供决策依据。

④进行数据通信与信息交换。

数据库的功能与计算机硬件和软件的关系密切。目前微机上多采用 FOXBASE 关系数据库语言。

一般建立数据库时,按数据的性质和作用分为下述几个数据文件:

①道路属性和几何结构数据:路线编号、路线名称、桩号、里程、车道数、地区、路面宽度、路肩宽度等。

②路面设计数据:修建时间、修建方法、路面结构组合与结构厚度、路基类型及强度、路面材料特性、路面设计指标与标准、分层验收数据等。

③交通量数据:各种车型交通量、承载能力交通量、通行能力、交通量增长系数、车道划分与标线等。

④路面状况数据:裂缝率、修补率、车辙、平整度、摩擦因数、渗水系数、错台量、露骨率、损坏、弯沉等。

⑤处治历史数据:处治年度、方法、厚度、长度、费用、处治前路况、处治后路况等。

⑥桥梁数据:室内档案中的部分数据、桥梁的动态数据等。

⑦经济数据:处治单价、燃料价格、运输费用、轮胎损耗、养路费收支、贴现率、物价指数等。

上述数据文件,有些是与时间无关的,有些是有关的。与时间无关的数据文件经一次输入后可永久享用,与时间有关的数据文件需经常更新,更新频率随数据的性质和系统的需求而变,一般为 1 年。

### 9.3.3 路面状况调查

各国对路面状况调查项目的划分基本上是一致的,大体如下:

(1)平整度调查

路面平整度可定义为路面表面诱使行驶车辆出现振动的高程变化。由于路面不平整而引起车辆振动,将对行驶舒适性、路面损坏率、交通安全性、车辆磨损及燃油消耗等产生直接影响。特别是在管控车道上,平整度是度量路面使用性能的一项重要指标,这在世界各国已成为共识。

造成路面不平整的原因是多种多样的,主要有两类:一个是施工过程中造成的不平整;另一个是路面使用过程中由于材料感温性结构承载能力不足造成的过度变形而引起的。必须重视施工过程中的平整度控制,否则只靠选择优质材料或加强结构是徒劳的。

(2)路面损坏状况调查

路面在使用过程中经常发生各种各样的损坏。损坏不但影响路面的结构性使用性能和结构承载力,也会影响路面的功能性使用性能。因此,根据损坏发生的原因及程度,有针对性地采取维修改建措施,是路面养护管理系统的重要内容。

路面损坏的原因和表现形态是多种多样的,不同的调查者可能会对同一处、同种损坏判别为不同的损坏类型,并赋予不同的名称。这给路面养护管理系统中相应数据文件的生成及养护对策的确定造成极大困难。因此,必须根据损坏的形态、特征和原因,对各种损坏进行统一分类。

(3)结构承载能力调查

路面结构既是一个功能体,又是一个结构体。路面结构具有足够承载能力是它作为结构体的前提,是保证路面实现预定功能的基础,因此,结构承载能力不但是路面结构设计的主要内容,也是确定路面养护管理对策的主要依据。

目前,路面结构承载能力调查可分为无损检测和破损检测两类。破损检测是从结构层内钻取试件,在室内进行物理—力学性能试验,确定各项技术参数,通过适宜的路面力学分析确定结构承载力,这是一种辅助方法。无损检测主要是测定路面的最大弯沉和弯沉面,以确定结构承载力,这是路面养护管理系统中常用的方法。

(4)抗滑能力调查

抗滑能力是影响行车安全的主要路面因素。抗滑能力可分为路面抗滑能力和出现水面漂滑的可能性两方面。路面抗滑能力是指轮胎受制动时沿表面滑移所产生的力,主要受路表面特性的影响,可通过选择集料、调整统配、增加构造深度等措施来增加抗滑能力。一般的,当路面积滞的水深达 5mm 以上,而行车速度又较高时,可能出现漂滑现象,由于管控车道行车速度较高,一般路表透水不良,所以,雨天极易发生漂滑现象,改善路表排水能力是解决问题的根本出路。目前,国外采用的透水表层兼有排水与抗滑功能,是值得重视的发展方向。

(5)车辙调查

车辙是沥青混凝土路面在重载渠化交通下发生的一种损坏形式,在路面养护管理系统中,车辙是影响路面使用性能的主要指标之一。

## 9.3.4 路面使用性能评价

路面修建和养护的终极目标是在设计使用期内为行车提供一个快速、安全、经济、舒适、耐久的运营环境。路面的使用性能即为路面满足上述要求的能力和程度,可分为功能性和结构性使用性能。功能性使用性能包括平整度、抗滑能力及路面景观;结构性使用性能包括结构承载力和路面损坏状况。路面的使用性能是否满足既定的要求,是决定路面养护改建对策的依据。因此,科学地评价路面的使用性能,是建立路面管理系统的重要环节。

评价的科学性源于量化的准确性,其前提是提出表征路面使用性能的可量化指标。下面分别进行叙述。

(1)路面功能性作用性能指标

①平整度指标。

平整度测定方法和仪器很多,相应采用的指标也各不相同。为了使采用不同的方法和仪器测定的结果可以相互比较,需要寻找一个通用的平整度指标,它与其他平整度指标之间有良好的相关性。在路面养护管理系统当中,此通用指标为国际平整度指数 IRI。它是世界银行于 1982 年组织了巴西、美、英、法等国家的专家组成的研究小组并在巴西进行了大规模的平整度测试之后提出的。IRI 与通过其他方法得到的平整度指标具有良好的相关性。例如北京市 1990 年得到的 IRI 与车载式颠簸累积仪 VBI、3m 直尺测定值 $a$ 的相关关系如下:

$IRI = 1.75 + 0.0017VBI$,相关系数 0.9985;

$IRI = 1.157 + 1.452a$,相关系数 0.9917。

②抗滑指标。

测定抗滑能力的方法很多,但目前在路面养护管理系统当中,仍以摆式仪为主,所以,可以用摆式仪测得的摆值(BPN)或横向力系数(SFC)作为评价指标,见表9-2。

**路面抗滑能力评价标准**　　表9-2

| 评价标准 | 优 | 良 | 中 | 次 | 差 |
|---|---|---|---|---|---|
| 摆值(BPN) | ≥42 | ≥37,<42 | ≥32,<37 | ≥27,<32 | <27 |
| 横向力系数(SFC) | ≥50 | ≥40,<50 | ≥30,<40 | ≥20,<30 | <20 |

③景观指标。

景观指标主要反映路段对驾驶员和乘客视觉持续性影响。影响路面景观的因素很多,如路面状况、标线、交通标志、环境景观等。目前,景观指标以主观评价为主,尚难以量化,在建立路面养护管理系统时只作为参考。

(2)结构性使用性能指标

①结构承载力指标。

结构承载力常用强度系数指标表征,即:

$$SI = \frac{L_s}{L_r}$$

式中:SI——强度系数;

$L_s$——实际弯沉;

$L_r$——容许弯沉。

②路况指标。

在路面养护管理系统中,常以路况指数PCI作为表征路况的指数:

$$PCI = 100 - \sum\sum DP_{ij}kW_{ij}$$

式中:$i$、$j$——损坏类型(共$n$种)和重要程度等级数(共$m$种);

$DP_{ij}k$——$i$种损坏、$j$级程度和$k$范围的扣分值;

$W_{ij}$——多种损坏类型和严重程度的权函值。

(3)路面使用性能综合指标

上述指标,从某一侧面反映了路面的使用性能,可以直观地识别路面的损坏程度并采用合理的处治措施。但是,处治对策的提出,往往在对各种性能各种要求综合分析的结果上,更需要掌握各路段的综合服务水平,因此也可引进现时服务能力指数PSI、FI指标、CSI指标、R指标来反映路面使用性能综合指标。

(4)车行道养护状况评定

车行道养护状况的检查评定根据所调查车行道单元破损状况,计算车行道完好率:

$$C_L = \frac{F_1 - \beta\sum F_{li}K_i}{F_1} \times 100\%$$

式中:$C_L$——车道完好率(%);

$F_1$——检查单元车行道总面积($m^2$);

$F_{li}$——各类破损的实际面积($m^2$),同一地方有两种以上病害时只记一次严重者;

$K_i$——路面各类破损换算系数,应符合表9-3的规定;

$\beta$——路龄系数,应符合表9-4的规定。

车行道各类破损换算系数 $K_i$ 表9-3

| 破损类型 | 沥青路面 | 水泥混凝土路面 |
|---|---|---|
| 裂缝 | 0.5 | 3 |
| 碎裂(网、龟裂) | 1 | 3 |
| 断裂 | — | 10 |
| 松散 | 1 | — |
| 脱皮、泛油、露骨 | 1 | 1 |
| 坑槽、啃边 | 3 | 3 |
| 井框高差 | 3 | 3 |
| 车辙 | 0.5 | — |
| 沉陷 | 3 | 3 |
| 拥包 | 2 | — |
| 搓板或波浪 | 2 | — |
| 翻浆 | 6 | — |
| 唧泥 | 6 | 6 |
| 缝料散失 | — | 2 |
| 错台 | — | 6 |

路 龄 系 数 $\beta$ 值 表9-4

| 路龄 | | 路龄系数 $\beta$ |
|---|---|---|
| 设计年限内 | | 1.0 |
| 超设计年限(年) | 1~5 | 0.9 |
|  | 6~10 | 0.8 |
|  | 11~15 | 0.7 |

### 9.3.5 路面维修保养对策

(1)小修保养对策

路面状况指数(PCI)评价为优、良,综合服务能力指数(CSI)为优、良的路段,以日常养护为主,并对局部路面破损进行小修。

(2)中修对策

路面状况指数(PCI)评价为中或综合服务能力指数(CSI)评价为中的路段,应进行小修或中修。

(3)大修对策

对于强度不满足要求的路段(管控车道强度指数 SI<0.8)则应进行大修补强。

(4)抗滑处理

管控车道的路面行驶质量、路面破损状况和强度均满足要求,但抗滑能力不足(SFC<0.4)的路段,应加铺抗磨耗层。

(5) 改建对策

因路面不适应现有交通量或载重的需要,应提高现有路面的等级,通过加宽等措施提高道路的通行能力。

(6) 专项养护

因自然灾害致使路面遭受严重的损坏,可申请专款对路面进行修复。

## 9.4 管控车道桥梁养护管理系统

在发达国家,由于交通量增大,车辆吨位增加,桥梁病害增多,使用功能下降,桥梁的维修、改造、加固越来越重要。美国州际公路和州公路有近30万座桥梁,其中低于标准的占30%,每年用于更新和维护的费用达500亿美元。与路面养护管理比较,由于桥梁的初期投资大,服役期长,养护资金投入集中,所以,如何科学地分配庞大的维修改建资金,特别是在资金普遍不足,养护需求得不到全部满足的情况下,如何把资金投到最需要、最重要的地方,将显得更加重要。这项工作可由桥梁养护管理系统完成。

### 9.4.1 桥梁数据库

要掌握桥梁情况,研究对策,其基础是收集和存储必要的数据,便于供桥梁养护管理系统使用这些数据了解现状,侦测未来执行决策,在计算机时代,就需把数据建立成数据库。

桥梁数据库包括两方面的内容:一是每座桥已有的室内档案中的数据库,包括设计、施工及已有养护数据等。这部分数据在建立数据库时,为历史数据,相对固定,输入一次后就可长久保存。二是桥梁的动态数据,特别是桥梁的结构状况和功能程度的数据,这部分数据主要包括桥梁各部位的损伤程度及功能、标准、程度等,随时间不断变化,可不断补充完善。这部分数据一般是根据桥梁管理规范,通过对桥梁进行定期检查或特殊详细的检查取得的。为使所采集的桥梁数据系统、准确和充善,必须有完备的管理体制、高素质的桥梁检测人员及足够的资金投入。

### 9.4.2 桥梁结构检测评价系统

(1) 桥梁检测的主要功能

①尽早发现桥梁各部位的缺陷,及时清除隐患,从而节省维护保养所需费用。

②预防桥梁坍塌,确保桥梁安全使用。

③建立制度化的检测法规。

(2) 桥梁结构评价

桥梁结构承受车辆荷载及环境因素作用,故对其结构性能、功能性能、耐久性能都有一定要求。为了对桥梁结构各方面性能进行定量评价,首先必须建立反映这些性能的指标。

美国最早开始的桥梁评价工作,已有20余年的历史。所确定的评价指标为适应度SR(包括结构强度、载重足够度、桥面收缩度),这是反映结构质量、功能性、安全性以及重要性的综合指标。目前,国内外大都沿用这一指标,作为对桥梁结构评价的依据,以此进行综合判断,以对整个路网的桥梁的使用性能和综合服务水平有一个全面的了解,为桥梁维修改建的先后次序和资金投向提供依据。

### 9.4.3 桥梁加固技术

通过对桥梁适应度的评价,就此提出对桥梁的维修改建对策。在桥梁的维修改建活动中,桥梁加固是一项重要技术,无论发达国家还是发展中国家,都是如此。

由于公路桥梁以钢筋混凝土桥梁为主,下面重点介绍钢筋混凝土桥梁的加固技术。钢筋混凝土桥梁的损坏原因很多,包括氧化物侵蚀,混凝土碳化,支座受力状态改变,伸缩缝失效,墩台位移,地基不均匀沉降等物理、力学、化学方面的原因。桥梁加固就是针对这些原因的损坏发展起来的桥梁养护技术。

(1)提高桥梁加固技术

①聚合物加固。利用聚合物对钢筋和混凝土极强的黏结作用,可保证加固部位的稳定性和耐久性。可用于修补桥梁的各种结构缺陷。该法无需破坏被加固的结构,无需配备技术熟练的专家,加固后交付使用时间短,不增加结构的几何尺寸,可以完整地保存结构的艺术特点。该法应用简便,只需把树脂类聚合物注入或粘贴在需加固部位即可。

②喷射混凝土加固。该法最早由前苏联道路科学研究院提出。它用气动喷射细粒混凝土修补混凝土表面,喷涂厚度:薄层为 1~2cm,厚层为 3~5cm,应用同一套设备,即可完成小修养护,也可消除大面积但深度不够的缺点。

③改变结构体系加固。因结构损坏后,原结构受力图示已经改变,可采取措施改变其原有的受力图示。如我国采用简支梁桥改变为撑架式结构、连续梁或连续桥面等,或拱式桥改为简支梁或其他无推力结构,取得了较好的效果。

④施加预应力加固。对梁式桥体外增加预应力钢筋,增强承载能力;对拱桥采用钢拉杆,控制拱围变形,抑制裂缝发展,得以恢复和提高承载能力。

⑤增大断面加固。对于梁式桥可以增厚桥面板,增大主梁断面或增加副梁数量。对拱式桥可以增大拱肋尺寸,增加拱肋数量等。

⑥增加结构整体性加固。从桥面上采取措施,浇筑钢纤维混凝土桥面或聚合物混凝土桥面或钢纤维—聚合物—硅灰复合材料混凝土桥面。此外,还可增加横向联系,如增加横隔梁等。

(2)桥面加固

①防护薄膜修补法。先消除已损坏的桥面混凝土,去掉钢筋上的锈,涂上环氧树脂,用聚合物水泥混凝土齐整桥面上预先铺好或现铺的薄膜,再铺一层沥青混凝土罩面。

②改性沥青混凝土修补法。用玻璃纤维或聚合物改性沥青,以这种改性沥青混凝土罩面,可消除常规沥青混凝土的裂缝、车辙等病害。

③聚合物水泥混凝土修补法。聚合物水泥混凝土与常规混凝土比较,其抗弯强度提高,韧性提高,因此,可采用较薄的罩面层厚度,减轻自重,提高承载能力。

(3)裂缝加固

①伸缩缝加固。伸缩缝加固的要点是选择黏力高、变形能力大、感温性小、泊松比低的填缝材料。橡胶沥青玛蹄脂及聚合脂类材料可优先考虑。另外,尚需注意填缝料的约束条件,底

部自由时易发挥填缝料的变形能力。

②结构裂缝修补。对钢筋混凝土梁式桥剪切裂缝的修补,美国采用的方法是,采用硅橡胶密封大梁的裂缝,然后从桥面钻45°角的孔,横穿裂缝面,用泵送环氧树脂填塞孔及裂缝,迅速把钢筋插入孔中,这些钢筋需穿过裂缝。此时,环氧树脂将钢筋与孔壁黏结在一起,并填满裂缝,达到了加固开裂的目的。

## 9.5 路基及附属设施的养护与维修

### 9.5.1 路基的养护及维修

(1)路基养护维修

路基的坚实和稳定直接影响路面的平整和强度,因此必须做好路基的养护维修工作,以保证路基坚实稳定,排水性能良好,各部分尺寸和坡度符合原设计要求,加固及时,消除不稳定因素,保持路基处于良好的技术状态。

①路基养护的工作范围。

a. 维修、路肩及边坡。

b. 疏通、改善、铺砌排水系统。

c. 维护、修理各种防护构造物及透水路堤,保护两旁公路用地。

d. 清除塌方,处理塌陷,检查险情,预防水毁。

e. 观察、预防、处理翻浆、滑坡、泥石流崩塌。

②路基养护的基本要求。

a. 路肩无坑洼、隆起、沉陷、缺口、横坡适度清洁。

b. 边坡稳定、平顺无冲沟,坡度合乎规定;表面合格。

c. 边沟、截水沟、排水沟保持无高草、无淤塞,纵坡适度,水流畅通,进出口良好。

d. 挡土墙、护坡及防雪、防沙等设施保持完整无损坏,砌体伸缩缝填料完好,泄水孔无堵塞。

e. 对翻浆路段应及时治理,尽快恢复到原有的路况,对塌方、滑坡、泥石流等病害做好防护抢修,尽力缩短阻塞时间。

(2)边坡的养护维修

管控车道边坡坡面应保证稳定、坚实。根据边坡类型的不同,其养护维修方法也不同。

①植被边坡的维修。

植被边坡有自然边坡、铺草皮边坡、喷稻草种边坡、栽植边坡等类型。

自然边坡不用人力特别加工,是靠自然植被生长的边坡,也是发生灾害实例较多的边坡。对于这种边坡,要考虑它的土崩、坡面坡度、植被的状况等,并要掌握有关降雨量和边坡稳定的相关关系,需要制定出包括行驶规定在内的各项措施。

草皮边坡分为条形草皮和方块草皮,无论哪一种,都应使草皮繁殖良好。因此,每年需除草2次以上,必须防止其他草类繁衍。除草修剪由人工或机械完成。

②边坡、挡墙的维修。

构造物边坡是用挡土墙、砌石、铺混凝土块、花格砌体等构成的边坡,要定期检查这些构造物有无裂缝、腹部隆起、滑动、倾覆等现象,如发生异常,必须采取补强措施。

类似构造物的边坡还有落石防护网、落石护栏、透水式桩、排水丁坝等,这些构造物如有损坏应更换,并排出里面积存的土砂,保持构造物应有的功能。

(3) 排水设施的养护维修

水是造成管控车道损坏的重要因素,因此,养护时要注意对排水设施的检查和维修,使其排水功能正常发挥,最大限度地减轻水对公路的危害。

①加快地表水的排除。

a. 适度的路拱、畅通的边沟及稳定密实的边坡是保证地表水排除的关键因素。在日常养护中,要对这些因素进行定期检测和有效的控制。当路面出现裂缝和局部沉陷时,要及时修复,对明沟要及时除草和疏通淤积。盖板沟(或管道排水)内杂物要定期排除,沟壁坍塌或出现裂缝,必须在雨季前修复完毕。

b. 为了减轻坡面对公路的冲刷,应将截水沟内的水引到坡外,以防下渗造成坡面坍塌。截水沟的清扫和维修与边沟要求相同。

c. 当斜坡过陡时,应进行加固或保护。

d. 原排水系统若排水不足时,应考虑改建或增建排水设施。

②排除地下水。

a. 加深加大边沟是减轻地下水对公路危害的有效措施。

b. 当路面出现裂缝并伴有潮湿斑点、冒泥或排除地下水设施的出水口流量发生显著变化时,都是排水设施功能降低或失效的表现,要查明原因,采取相应措施。

c. 当盲沟与原隔水层失效时,可在路面翻修时一并处理。地下排水设施的排水口暴露在外,易被杂物堵塞,要定期检查、清除杂草及粉尘等杂物,或更换新的粗大硬质粒料,确保排水畅通。

d. 经实践证明排水能力不足时,宜增建新的排水设施。

③其他排水。

a. 修建管控车道时的土坑若距公路较近,坑内的积水要排至远离公路的低洼处,以免软化路基。

b. 进出管控车道的匝道处多形成封闭式的洼池,此处不宜积水,要使排水通道顺畅,排走地表水。

c. 立交桥处的所有排水设施要定期进行检查与维修,确保性能良好;电机、水管和水泵等应有备用量,供电线路要能安全供电,且线号与电负荷相符。此外,还应备有全套的发电设备,以保证非正常情况下排水的需要。

d. 管控车道中央分隔带的泄水口和其他排水通道要及时清淤和维修,充分发挥这些设施的作用。

e. 所有从排水设施中排出的水不得冲毁农田及其他建筑物,且应注意不得污染环境。

④排水设施的清扫。

a. 排水设施的清扫是防止排水设施性能降低和对沿线居民卫生有益的一项作业。

b. 清扫作业采用人工清扫与机械清扫相结合,以机械清扫为主。对有边沟盖而不能拆卸的边沟内的淤泥,用真空吸入式边沟清扫车处理;也可从边沟盖的开口部位穿过钢丝绳,用缆车操纵扒泥的办法清理,或用高压水冲洗。严禁清扫人员不带安全设施进入封闭很严的边沟内进行作业,以防中毒。对于边沟盖能拆卸及无盖边沟,其沟内的砂土及其他硬块杂物,可用人工清理,用货车及时运走。

集水井的清扫宜采用真空吸入式(鼓风机)边沟洁扫车或抽吸式吸泥车进行作业。一个集水井清扫结束后,清扫车要及时开走以免影响交通,同时将井盖复原。

排水管的清扫与管径粗细、管内砂土的堆积量及固结状态有关。当管径小于400mm且管内堆积砂土又没固结时,一般可用排水管清扫车处理;若管径较细且管内砂土又已固结,清扫时宜用螺旋钻式除垢器疏通清除污物;当排水管较粗不适用喷水清理或管内砂土固结比较严重的情况下,可用挖掘机清除;在不得已的情况下,对于作业人员能够下去的排水管,也可人工挖除管内砂土污物,但必须有防毒措施。

泵站沉淀池内的污物,用泥浆泵及时排除,泥浆泵与清水泵交替进行作业,务必在泥浆固结前将池内沉淀物全部排清。

### 9.5.2 护栏的养护维修

护栏的养护维修工作内容有:
(1)日常检查工作

除了在通常巡逻时检查护栏有无异常情况外,还将要隔一定时间进行定期检查。检查的周期最好2个月左右1次,检查时特别需要注意的要点如下:

①立柱与水平构件的固定状况。
②立柱的下沉、倾斜、弯曲状况。
③污染的程度及油漆情况。
④护栏及管式护栏水平构件的变形及损坏情况。
⑤箱梁式护栏的接头部位及黏结的损坏情况。
⑥拉杆的松弛程度。
⑦缓冲式护栏混凝土有无裂缝及下缘边的状况。

(2)修复工作

由于事故及灾害造成护栏变形或损坏,或者通过检查发现不能充分发挥护栏作用的地点,应该事先将其损坏的范围及部位、损坏地点的道路情况、原因等记录下来,马上修复,使护栏能够经常充分发挥作用。

被交通事故所损坏的道路附属构造物之中,护栏占的比例很大。根据《公路法》的规定,损坏的道路构造物应由肇事者负担其修理费用,即索赔,养护部门应马上采取必要的措施尽快修复。对不能及时将损坏的部位修复,而又对一般交通危害比较大的地点,最好采用现成的应急材料临时修复,护栏原则上按原有的形式及种类进行修复。

(3)油漆、清扫、修补等保养工作

护栏因擦伤致使油漆剥落或因生锈致使漆膜脱落严重时,应马上涂改。油漆不仅对保持护栏的功能很重要,而从恢复护栏引导视线的功能及美观性来看也是极为重要的。

另外,对于混凝土护栏也要根据需要涂刷建筑涂料,个别损坏处及时加以修复。

被尘埃和汽车废气附着而造成污损的护栏,不仅影响其引导视线的功能及外观,而且还会造成腐蚀,每年至少要清扫1~2次。

隔离栅及隔离墩有污损时,应及时清扫与修复,保持其完整洁存。花坛内有残叶、纸屑等杂物时,要定期清扫,增加管控车道的路容美观。

### 9.5.3 标志、路面标线的养护维修

道路标志应清扫得使人一目了然,且应清除障碍物。对由于事故损伤或超过耐用年限而失效的道路标志必须采取更新措施。路面标线必须采取定期的重复措施。交叉点附近等的标线,尤其容易消失,应有计划地在规定周期内补画完整。积雪地区在除雪期间,应该提前准备,及时把标线复原。

标志的牌面受到污染后,使其辨认性下降,宜用洗涤剂溶液每年清扫1次;标志若达不到完整鲜明的要求,则需修复或刷漆。

### 9.5.4 照明设施的养护维修

道路照明朗养护维修分为检查、清扫、替换灯具、更新等。检查必须在夜间进行,定期实施为宜。清扫分成灯柱和灯具,各自定期进行。灯具替换有定期实施方法和灯坏了再换的方法。前一方法能确保一定的照度,而且是理想的方法。更新虽在灯具损伤时进行,但应事先做好早期实施的安排。

管控车道上的照明设施(如进出收费口处和过街路段等处)会受到尘埃、汽车排出的废气污损,影响照明效果,宜根据污损程度每年进行1~2次清扫(擦拭)和检修。

## 9.6 养护维修时的交通组织及安全措施

在管控车道的养护维修管理中,除了通过养护维修管理系统做好预测、决策外,在管控车道上进行养护维修时,还必须特别注意做好交通组织和安全防护措施,以保证驾乘人员和养护维修人员的安全。

### 9.6.1 养护维修期的交通组织

(1)交通控制区的布置

交通控制区的布置,既要考虑作业人员的安全,又要考虑车辆通过的便利性,为此,在进行交通控制区的布置时,应以安全的防范措施与正确合理的交通疏导相结合为原则。大规模养护维修作业交通控制区分为六个部分,即警告区、上游过渡区、作业区、缓冲区、下游过渡区及终止区。养护维修作业控制区布置如图9-1所示。

①警告区。

对所有的交通控制来说,前面的警告区是最重要的。按规范规定区长度不得小于1500m,且每隔一定距离应设置有关标志。如表9-5所示。

②过渡区。

当作业包含一条或多条车道时,就需要关闭作业区所包含的车道。为了防止车流在改变车道时发生突变,需要设置一个改变车道的过渡区,以使车流变化缓和平滑。如表9-6所示。

③缓冲区。

缓冲区是过渡区到作业区之间的一段空间,缓冲空间的设置主要考虑到假设行车驾驶员判断失误,有可能直接从过渡区闯入作业区,那么缓冲空间就可以提供一个缓冲路段,在车辆到达作业区之前采取制动措施,避免发生事故。因此,在缓冲空间内一般不准堆放东西,也不准养护作业人员在其中活动或工作。

缓冲区长度与限制车速有关,缓冲区的长度(以 m 计)宜为限制车速的 2 倍(以 m 计),当限制车速为 40km/h 时,缓冲区的长度为 80m,缓冲区与上游过渡区之间应设路障。缓冲区长度如表9-7所示。

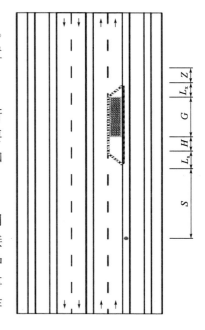

图9-1 养护维修作业控制区布置示意图
S-警告区;$L_s$-车道封闭上游过渡区;H-缓冲区;G-工作区;$L_x$-车道封闭下游过渡区;Z-终止区

**警告区最小长度 S** 表9-5

| 道路类型 | 警告区最小长度(m) | 备注 |
|---|---|---|
| 干线 | 100 | 考虑道路交通流量、时段、封闭道路车道数、原来道路车道数、养护期间道路的通行能力等因素,设置施工标志,加强交通引导 |
| 次干道 | | |
| 支路 | | |

**每车道封闭上游合并车道过渡区的长度 $L_s$** 表9-6

| 限制速度(km/h) | 车道宽度 $L_s$(m) | | |
|---|---|---|---|
| | 3.0 | 3.5 | 3.75 |
| 60 | 70 | 90 | 90 |
| 40 | 30 | 40 | 40 |
| 30 | 20 | | |

**缓冲区长度 H** 表9-7

| 限制车速(km/h) | 30 | 40 | 60 |
|---|---|---|---|
| H(m) | 35 | 50 | 85 |

(2)工作区的布置

工作区是养护作业的地方,也是养护作业人员工作、堆放筑路材料、停放施工机械或车辆的地方。为了保证安全,在作业区与开放交通的车道之间要有明确的隔离装置。作业区的长度一般根据养护作业或施工的需要而定。

作业区的布置,还要考虑为工程车辆提供安全的进口和出口。

### 9.6.2 安全防护措施

在管控车道上进行养护维修作业时,除了对交通进行安全控制外,还必须对操作人员加强安全教育,建立必要的安全防护准则。管控车道安全防护措施的主要内容有:

（1）对于在管控车道上进行养护的人员,要进行专门的安全教育和养护作业操作规程的训练,分析事故隐患。

（2）标志服和安全帽。每个进入管控车道上养护作业工地的人都必须身穿标志服,头戴安全帽。安全标志服和安全帽为鲜艳的橘黄色,具有反光功能。

（3）养护人员不得随意将工具、材料放到施工区外,不能坐在危险区休息；作业时不得超越封闭的施工区域,不准嬉闹。

（4）严禁养护人员在路上拦截、搭乘其他过往车辆。

（5）在车道以外的地方进行养护作业时,作业人员不得随意进入车道范围。作业人员在养护期间,在不实行交通管制的地方严禁违反交通规则。

（6）作业人员不得随意变更交通控制区或扩大作业区。

（7）交通安全管理人员在管控车道上执行任务时必须自觉遵守有关规定,穿着反光标志服。

（8）交通安全管理人员在处理违章肇事车辆及人员时,应在紧急停车带内进行,并监督肇事车辆停放位置和人员的安全。

（9）为减少养护作业对正常交通的影响,养护责任单位应当精心组织有效的交通控制、保障措施,严密的安全防范措施和保证质量的技术措施,确保养护安全和养护质量。

（10）养护现场必须配备安全员,落实专人负责安全设施的放置和撤除,必须在做好安全维护的条件下进行作业,并保证作业过程中的安全防护措施得到有效督查。

（11）施工区域与非施工区域必须设置分隔设施,中心城区、商业中心、交通枢纽等区域长期养护维修作业必须设置连续、封闭的围栏,采用全封闭分隔设施。

图 9-2　夜间作业灯光防护

（12）夜间作业必须按照规定设置夜间作业灯光防护（图9-2）。

（13）在非车道上养护维修作业时的安全生产:实际经验表明,在非车道上,车辆失控造成事故的可能性已大为降低,导致事故发生的原因已转化为作业人员是否遵守安全操作规程为主。因此,首先要制定合理的安全操作规程或标准,要求养护作业人员严格按操作规程进行工作；其次,应当有专门的安全检查人员,检查安全防护措施,观察交通情况。一旦养护作业环境接近于"在车道上"的情况时,必须采用相应的交通控制方式。

（14）在有雾和雪时养护维修作业的安全防护:在雾天时,养护作业人员严禁上管控车道工作;作业人员上路除雪时,原则上应封闭交通或严格控制交通。

## 9.7 管控车道防灾体制与措施

### 9.7.1 管控车道的防灾体制

为了应付突发性灾难,防止在异常气候时对管控车道交通造成危险,应事先健全各级防灾组织,并规定各自的职责。目前我国各省(市)的防灾体制不是很统一,但一般都包括以下几种体制:

(1)预报体制

预报体制是根据异常气象等条件估计可能出现灾害时所采取的信息收集与联络体制。根据情况在采取联络等措施的同时,还要安排联络人员,以便需要时能够召集人员、准备材料等。

(2)警戒体制

警戒体制即气象条件更加恶化、发生灾难的危险性增加,或由于这些原因造成交通混乱时应预先设置的体制或局部地区已发生灾害、在分部及总部安排必要人员和材料等,以便能够适应情况的变化。

(3)紧急体制

在出现严重灾害或发生混乱时采用应急体制,该体制本身一方面要处理这些问题,同时需要时还要依赖于各方面的援助,为此分部或总部各组织的负责人要担任常驻指挥。

### 9.7.2 管控车道的灾害划分

按照灾害的严重性和对社会的危害程度、影响范围等因素,事故灾害、自然灾害等事件分为一般、较大、重大、特别重大四个级别。主要突发性时间分级如表9-8所示。

突发性灾害分析表　　表9-8

| 事故类别 | 一般 | 较大 | 重大 | 特大 |
| --- | --- | --- | --- | --- |
| 路面系损坏 | 大面积损坏,严重影响交通 | (1)路面系坍塌,损坏严重;<br>(2)交通通行中断 | (1)路面系严重坍塌,短期内无法修复;<br>(2)交通中断和人员伤亡 | 无 |
| 主体结构损坏 | 结构部分损坏,严重影响交通 | 结构损坏较重,对交通通行造成较大影响,可能危及车辆和市民安全 | (1)结构严重损坏,危机设施安全,交通中断;<br>(2)部分设施、桥跨坍塌 | (1)越江桥梁隧道、高架道路、桥梁结构损坏严重,严重威胁设施安全;<br>(2)桥梁坍塌导致死亡和失踪人员在30人以上 |
| 附属设施损坏 | 部分损坏,严重影响交通 | 损坏较重,对交通通行造成较大影响,可能危及车辆和市民安全 | 损坏严重,交通中断 | 无 |

续上表

| 事故类别 | 一般 | 较大 | 重大 | 特大 |
|---|---|---|---|---|
| 附属管线损坏 | 部分损坏,严重影响交通 | (1)管线严重损坏,对路面造成严重破坏<br>(2)周边地区交通受到严重影响,部分交通中断 | (1)管线断裂,对路面造成完全损坏,短时期内无法修复;<br>(2)大面积交通中断 | 无 |
| 由交通事故引发设施损坏及人员伤亡 | (1)重伤1~2人;<br>(2)轻伤3人以上;<br>(3)财产损失不足3万元;<br>(4)对桥梁、隧道、高架道路设施造成的损坏情况较轻;<br>(5)轻微影响交通 | (1)死亡1~2人;<br>(2)重伤3人以上10人以下;<br>(3)财产损失3万元以上不足6万元;<br>(4)对桥梁、隧道、高架道路设施造成的损坏情况较重;<br>(5)影响车辆通行情况较为严重 | (1)死亡3人以上;<br>(2)重伤11人以上;<br>(3)死亡1人,同时重伤8人以上;<br>(4)死亡2人,同时重伤5人以上;<br>(5)财产损失6万元以上;<br>(6)对桥梁、隧道、高架道路构造物的结构造成严重破坏;<br>(7)交通中断 | 死亡和失踪人员在30人以上 |
| 由自然灾害引发设施损坏及人员伤亡 | (1)重伤1~2人;<br>(2)轻伤3人以上;<br>(3)对桥梁、隧道、高架道路设施造成的损坏情况较轻;<br>(4)轻微影响交通 | (1)死亡1~2人;<br>(2)重伤3人以上10人以下;<br>(3)对桥梁、隧道、高架道路设施造成的损坏情况较重;<br>(4)影响车辆通行情况较为严重 | (1)死亡3人以上;<br>(2)重伤11人以上;<br>(3)死亡1人,同时重伤8人以上;<br>(4)死亡2人,同时重伤5人以上;<br>(5)对桥梁、隧道、高架道路构造物的结构造成严重破坏;<br>(6)交通中断 | (1)死亡和失踪人员30人以上;<br>(2)对桥梁、隧道、高架道路构造物的结构造成完全破坏;<br>(3)造成交通完全中断 |
| 火灾、爆炸、事故 | 发生火灾、爆炸,部分设施损坏,影响交通 | 发生火灾、爆炸,造成大面积设施损坏,严重影响交通 | 发生火灾、爆炸,设施损坏严重,造成交通长时间(2h)中断 | 发生火灾、爆炸,设施结构严重损坏,造成交通完全中断 |
| 化学品泄漏事故 | 无 | 发生化学品泄漏,严重影响交通,威胁车辆和人员安全 | 发生化学品泄漏,交通长时间(2h)中断,造成人员伤亡 | 发生化学品泄漏,交通完全中断,造成重大人员伤亡 |

设施管理养护单位在道路应急防灾中涉及的事件主要分为两类:第一类为造成管控车道设施损害的突发性事故(交通事故、火灾、危险品泄露等);第二类为影响道路正常交通的异常气候险情(冰雪、台风、暴雨等)。

(1)第一类应急事件的处置基本要求

①交通事故。设施管理养护单位发现交通事故造成了对管控车道的损坏或污染,应迅速组织处置,协助交警及其他相关部门进行事故处理、清理现场、恢复被破坏的道路设施。遇重

特大交通事故,对一时难以修复的道路设施,应进行简易处置:造成结构受损、可能危及道路行车安全的,要采取临时交通管制措施,紧急报告行业管理部门,进行设施功能鉴定,保证道路交通安全。发生重特大交通事故后,应在2h内写出书面报告并报业主等相关单位。

②火灾。设施管理养护单位发现火警,应立即拨打119消防报警电话和110公安报警电话,迅速赶赴现场,听从消防部门和公安交警的现场指挥,协助灭火抢险和交通秩序的维持,清理火灾现场,恢复道路交通。一时难以修复被损设施的,养护单位应先进行简易处置;造成结构受损、可能危及道路行车安全的,应及时采取临时交通管制措施,紧急报告行业管理部门,进行设施功能鉴定,保证道路交通安全。

③危险品泄露。设施管理养护单位发现车载危险品发生泄露,应立即拨打119消防报警电话和110公安报警电话,迅速赶赴现场,听从消防部门和公安交警的现场指挥,协助危险品清理和交通秩序维持工作,隔离车道,待消防部门等有关专业部门统一处理后,再进行设施修复工作。

(2)第二类应急事件的处置基本要求

①冰雪天。养护单位接到冰雪天气象警报,应加强领导值班,并立即与交通管理部门及行业管理部门取得联系;发现冰雪天将对道路交通安全构成威胁时,应协助交警采取相应的道路管制措施,按照行业管理部门的指令,迅速组织处置。

②热带风暴、台风。设施管理养护单位接到热带风暴、台风气象警报,应对责任范围内的抗风设施进行一次全面检查,发现隐患,立即采取加固等预防措施;加强领导值班,随时与交通管理部门及行业管理部门保持联系,应急队伍处于待命状态;热带风暴、台风来袭时,加强巡视,检查热带风暴、台风对设施的损坏情况,发现险情,立即采取加固、抢险措施,保持与防汛抗台主管单位的联系;热带风暴、台风过后,组织人员对管控道路抗风设施进行复查,及时修复被损坏的设施,并上报预案执行情况。

③暴雨。设施管理养护单位在汛期前,应对责任范围内的排水设施进行一次全面检查和养护,确保设施的完好;接到暴雨气象警报,应加强领导值班,随时与交通管理部门及行业管理部门保持联系,以应急队伍处于待命状态;暴雨降临时,加强巡视,检查暴雨对设施的损害情况,发现险情,立即采取加固、抢险措施;暴雨过后,组织人员对道路设施进行复查,及时修复被损坏的设施,上报预案执行情况。

④地震。发生地震后,设施管理养护单位应对责任范围内的道路设施进行一次全面检查,发现结构有明显损坏、可能危及道路行车安全的,及时采取临时交通管制措施,紧急报告行业管理部门,进行设施功能鉴定,保证道路交通安全。

## 9.8 文明施工与环境保护

①严格按照相关要求,实施标准化养护,严格控制噪声、废气、粉尘排放,严禁随意处置养护废旧料,最大限度减少养护作业对附近区域交通及市容环卫的影响。

②以文明施工为准则,规范布置警告、警示及文明施工告知铭牌。不随意封闭交通。养护区域与非养护区域间必须采用安全隔离设施进行隔离,保证车辆、行人的安全。

③养护作业人员应按规定统一着装,作业时不穿拖鞋、不赤膊;坚持"七不"规范,养护施

工作业时不大声喧哗,发现问题及时整改,严肃处理。

④加强车辆、养护机械的管理,定期进行维修保养、年检,杜绝废气、噪声超标现象;不使用降尘装置失效的机具设备,严格控制施工时的扬尘。

⑤规范养护材料、废旧料的堆放,妥善停放机械设备和车辆,加强养护废旧料再生利用。加强建筑材料及土方的运输进出场管理,做好车辆所经过路线的道路保洁工作。施工现场每天做到工完、料净、场地清。

⑥养护作业现场应有食用水供应,养护班组应配备急救药品,根据季节变化,做好季节性防病和防暑降温等工作。

⑦确保办公场所和宿舍等内部的环境清洁卫生,实行卫生责任区或值日制。

## 9.9 展　　望

管控车道的养护与维修,与管控车道的路政类似,虽然搜集到的国外成果较少,但由于它仍然是整个道路一部分,因此可以与相邻的普通车道共同进行养护和维修,其路面、桥梁等构造物的维护,以及附属设施的维护方法与内容,均可以采用国内现有的成熟经验。

# 参 考 文 献

[1] A. Scott Cothron, Douglas A. Skowronek, Beverly T. Kuhn. Enforcement Issues on Managed Lanes[J]. Texas Transportation Institute. September, 2002, FHWA/TX-03/4160-11.

[2] Andrew J. Ballard. Incident Management for Managed Lanes. Texas Transportation Institute, The Texas A&M University System. December, 2004, FHWA/TX-05/0-4160-17.

[3] Andrew Smith, HNTB Claudia Bilotto, Mark Chang. Policy Options Evaluation Tool for Managed Lanes (POET-ML) Users Guide and Methodology Description. FWHA, December, 2008, FHWA-HOP-09-031.

[4] Beverly Kuhn, Ginger Daniels Goodin, Andrew Ballard, et al. Findings From Texas: Five Years of Research on Managed Lanes. Texas Transportation Institute, The Texas A&M University System. September 2005, FHWA/TX-06/0-4160-25.

[5] Beverly Kuhn, Ginger Goodin. Managed Lanes Handbook Training: YEAR 1 REPORT OF ACTIVITIES. Texas Transportation Institute, The Texas A&M University System. September, 2007, FHWA/TX-08/5-4160-01-1.

[6] Brooke R. Ullman, Debbie Jasek. Staffing and Training Needs for Managed Lanes Facilities. Texas Transportation Institute, The Texas A&M University System. September, 2005, FHWA/TX-06/0-4160-20.

[7] Beverly Kuhn, Ginger Goodin, Andrew Ballard, et al. Managed Lanes Handbook. Texas Transportation Institute, The Texas A&M University System. October, 2005. FHWA/TX-06/0-4160-24. Bill Loudon. A Domestic Scan of Congestion Pricing and Managed Lanes. FHWA. April, 2009, FHWA-HOP-09-044.

[8] Bill Loudon. A Domestic Scan of Congestion Pricing and Managed Lanes. FHWA. April, 2009, FHWA-HOP-09-044.

[9] Benjamin G. Perez, Gian-Claudia Sciara. A Guide for HOT LANE DEVELOPMENT. FHWA, FHWA-OP-03-009.

[10] Collier, Tina, Goodin, Ginger. Managed Lanes: A Cross-Cutting Study. FHWA. November, 2004, Publication FHWA-HOP-05-037.

[11] Dennis L. Christiansen. High-Occupancy Vehicle System Development in the United States. FWHA, December, 1990.

[12] Federal-Aid Highway Program Guidance on High Occupancy Vehicle (HOV) Lanes. FHWA. August, 2008.

[13] John W. Billheimer, Ken Kaylor, Charles Shade. Use of Videotape in HOV Lane Surveillance and Enforcement. FHWA, March, 1990.

[14] Jodi L. Carson. Monitoring and Evaluating Managed Lane Facility Performance. Texas Transportation Institute, The Texas A&M University System. November, 2005, FHWA/TX-06/0-4160-23.

[15] Jodi L. Carson. Strategies for Interim Use of Managed Lanes. Texas Transportation Institute, The Texas A&M University System. August,2005,FHWA/TX-05/0-4160-22.

[16] John W. Billheimer,Systan. HOV Lane Violation Study. FHWA,January,1990Hoppers, K. P. Opening HOV Lanes to General Traffic During Major Incidents and Severe Weather Conditions. Department of Civil Engineering,Texas A&M University. College Station,Texas. August 1999.

[17] Ginger Goodin, Mark Burris, Timothy Lomax, et al. Operational Performance Management of Priced Facilities. Texas Transportation Institute,The Texas A&M University System. October, 2010. FHWA/TX-11/0-6396-1.

[18] Katherine F. Turnbull. Houston Managed Lanes Case Study: The Evolution of the Houston HOV System,FHWA,September 2010,FHWA-OP-04-002.

[19] Katherine F. Turnbull. An Assessment of High Occupancy Vehicle (HOV) Facilities in North America. FHWA,August 1992.

[20] Katherine F. Turnbull. Effects of Changing HOV Lane Occupancy Requirements: El Monte Busway Case Study. FHWA. September,2002,FHWA-HOP-03-001.

[21] Kimley-Horn,Associates. California HOV/Express Lane Business Plan. The California department of transportation. May,2009.

[22] Katherine F. Turnbull. 11th International Conference on High-Occupancy Vehicle Systems Conference Proceedings. FWHA,October,2002,FHWA-OP-03-100.

[23] Les Jacobson,Jon Williams,Vassilios Alexiadis,et al. Predicting the Demand for High Occupancy Vehicle Lanes. FWHA,August,1996,FHWA-SA-96-073.

[24] Mark Burris,Sunil Patil. Estimating the Benefits of Managed Lanes. Texas Transportation Institute,University Transportation Center for Mobility. September,2009,UTCM 08-05-04.

[25] Mark Chang,Booz Allen Hamilton Inc,John Wiegmann,et al. A Compendium of Existing HOV Lane Facilities in the United States. FHWA. December,2008,FHWA-HOP-09-030.

[26] Managed Lanes-A Primer. FHWA,2008,FHWA-HOP-05-031.

[27] Martin Sas,Susan Carlson,et al. Consideration for High Occupancy Vehicle (HOV) to High Occupancy Toll (HOT) Lanes Study. FHWA,June,2007,FHWA-HOP-08-034.

[28] Mark Chang,Booz Allen Hamilton,et al. A Review of HOV Lane Performance and Policy Options in the United States. FHWA,December,2008,FHWA-HOP-09-029.

[29] National Cooperative Highway Research Program. HOV Systems Manual. Report 414. Transportation Research Board,National Research Council. Washington,D. C. 1998.

[30] Nevada Department of Transportation. Truck Lane Redistribution Test on an Interstate Highway: Follow Up Study. Research and Development Division. Carson City,Nevada. 1983.

[31] Obenberger,J. Managed Lanes. Public Roads. Federal Highway Administration,U. S. Department of Transportation. Washington,D. C. 2004.

[32] Patel,R. K. Development of an Improved Managed Lanes Framework for Emergency Management Transportation Requirements. Doctoral Dissertation. Polytechnic University. Brooklyn, New York. 2005.

[33] Robert E. Brydia, Stephen Song. Interoperability Issues on Managed Lanes Facilities. Texas Transportation Institute, The Texas A&M University System. September, 2004, FHWA/TX-05/0-4160-18.

[34] Stockton, W. R., G. Daniels, D. A. Skowronek, et al. The ABCs of HOVs: The Texas Experience. Texas Transportation Institute, Texas A&M University, College Station, Texas. 2000.

[35] Supernak, D. Steffey, C. Kaschade. Dynamic Value Pricing as Instrument for Better Utilization of High-occupancy Toll Lanes: San Diego I-15 Case. Transportation Research Record. Transportation Research Board, National Research Council. Washington, D. C. 2003a.

[36] Steven Venglar, David Fenno, Samir Goel, et al. Managed Lanes-Traffic Modeling. Texas Transportation Institute, The Texas A&M University System. January, 2002. FHWA/TX-02/4160-4.

[37] Susan T. Chrysler, Alicia Williams, Steven D. Schrock. Traffic Control Devices for Managed Lanes. Texas Transportation Institute, The Texas A&M University System. April, 2004. FHWA/TX-04/0-4160-16.

[38] Susan T. Chrysler, Alicia A. Nelson. Driver Comprehension of Managed Lane Signing. Texas Transportation Institute. September, 2005, FHWA/TX-09/0-5446-3.

[39] Steven D. Schrock, Gerald L. Ullman, Alicia A. Williams. Identification of Traveler Information and Decision-making Needs for Managed Lane Users. Texas Transportation Institute, The Texas A&M University System. April, 2004, FHWA/TX-04/0-4160-13.

[40] The California department of transportation. High-Occupancy Vehicle Guidelines. August, 2003.

[41] Tina Collier, Ginger Daniels Goodin. Developing A Managed Lanes Position Paper for A Media Audience. Texas Transportation Institute. February, 2002, FHWA/TX-02/4160-6.

[42] William Stockton, Ginger Daniels. Considerations in Assessing the Feasibility of High-Occupancy Toll Lanes. Texas Department of Transportation, 2001.

[43] William L. Eisele, Angelia H. Parham, A. Scott Cothron. Guidance for Planning? Operating and Designing Managed Lane Facilities in TEXAS. Texas Department of Transportation. August, 2001. FHWA/TX-02/4161-1.

[44] 饶克隆,钱金龙.公路路政管理理论[M].北京:人民交通出版社,2001.

[45] 王振清.公路超限运输概论[M].北京:人民交通出版社,1998.

[46] 刘红.道路交通事故案例分析[M].北京:人民交通出版社,1996.

[47] 刘光昆,潘彦维.公共关系学概论[M].昆明:云南文学出版社,1999.

[48] 陈贻龙,邵振一.运输经济学[M].北京:人民交通出版社,2003.

[49] 刘兴彬.道路运输经营管理[M].大连:大连海事大学出版社,1998.

[50] 售志才.公路运输技术经济学[M].北京:人民交通出版社,2001.

[51] 侯晓宇.面向移动终端的实施交通信息服务分析[J].交通信息化,2013,4(7):23-26.

[52] 杨智伟,赵胜川,张迅.公共交通出行者ATIS信息选择行为影响因素研究[J].交通运输系统工程与信息.2009,9(3):29-35.

[53] 张春勤.道路交通动态信息发布策略研究[D].长春:吉林大学,2011,5.

[54] 干宏程.VMS诱导信息影响下的路径选择行为分析[J].系统工程,2008,26(3):11-16.

# 中英文索引

C
车道限制　Lane Restrictions

D
多方式多类型交通分配　Multi-modal & Multi-class Model for Traffic Assignment

F
分离车道与辅道　Separation/Bypass Lanes

G
高乘用车辆专用车道　High-Occupancy Vehicle Lanes
高乘用收费车道　High-Occupancy Toll Lanes
公私合作伙伴关系　Public-Private Partnerships
共乘车道　High-Occupancy Vehicle Lanes
共乘收费车道　High-Occupancy Toll Lanes
管控车道　Managed Lane

H
合乘私家车　Carpooling

J
价值收费车道　Value-Priced Lanes
价值快速车道　Value-Express Lanes

K
快速公交系统　Bus Rapid Transit
快速交织规则车道　Fast and Intertwined Regular Lanes

P
普通车道　General Purpose Lane

S
时间价值　Value of Time
双重车道　Dual Facilities

X

效益成本比　Benefit-Cost Ratio
行为调查　Revealed Preference

Y

意向调查　Stated Preference
预期税收拨款债券　Grant Anticipation Revenue Vehicles Bonds

Z

增值税融资　Tax Increment Financing
专用车道　Exclusive Lanes